ETTORE MARIA MAZZOLA

*To Ferd
with great gratitude
and friendship*

The Sustainable City is Possible | La Città Sostenibile è possibile

A POSSIBLE STRATEGY
FOR RECOVERING
URBAN QUALITY
AND LOCAL ECONOMIES

UNA STRATEGIA POSSIBILE
PER IL RILANCIO DELLA
QUALITÀ URBANA E DELLE
ECONOMIE LOCALI

Preface / Prefazione
Paolo Marconi

GANGEMI EDITORE

Progetto grafico e impaginazione / Layout
Ettore Maria Mazzola, Paolo Vecchio

Traduzioni verso l'inglese / Translation Italian-English
Prof. Philip Rand (*testo completo / full text*)
Arch. Anna Maria Viglialoro (*solo prefazione /only preface*)

ISBN   978-88-492-1864-0

Ringraziamenti / Acknowledgements

Il Prof. Paolo Marconi per la sua prefazione. Makiya
Associates/Aga Khan Trust for Culture per le immagini delle
Torri del Vento; lo Studio Rob Krier & Christoph Kohl
architects per l'immagine aerea di Brandevoort; la
TerraItaly™ by Pictometry – © Compagnia Generale
Ripreseaeree per le foto aeree; l'arch. Paolo Vecchio, per aver
messo a disposizione la sua abilità nella organizzazione
grafica, il Prof. Philip Rand per la traduzione in inglese,
l'arch. Anna Maria Viglialoro per il suo impegno nella
revisione della traduzione, e tutti quelli che hanno dato
ascolto alle mie esternazioni sull'architettura e urbanistica.

Prof. Paolo Marconi for his preface; The Makiya
Associates/Aga Khan Trust for Culture for the pictures
of the Wind Towers; Rob Krier & Christoph Kohl
Architects for the aerial pictures of Brandevoort;
TerraItaly™ by Pictometry – © Compagnia Generale
Ripreseaeree for the aerial views; the arch. Paolo Vecchio,
for his help in formatting; Prof. Philip Rand for the
English translation, the arch. Anna Maria Viglialoro for
the review of the Translation; and all those who have
listened to my opinions on architecture and urbanism.

Copertina:
Ambrogio Lorenzetti, Palazzo Pubblico di Siena, Sala dei Nove. Particolari del Grande Ciclo di affreschi
raffigurante l'Allegoria degli Effetti del Buono e del
Cattivo Governo in città (1337-1339)

Cover Sheet:
Ambrogio Lorenzetti, Palazzo Pubblico of Siena, Sala dei
Nove. Details of the Great Fresco Cycle portraing the
Allegory of The Effects of the Good and the Bad
Government in the Town (1337-1339)

CGR
COMPAGNIA GENERALE RIPRESEAEREE SPA
SUBSIDIARY OF THE BLOM GROUP

«Se in principio, nel 1870, vi fosse stata un'Amministrazione comunale che, intuendo l'avvenire di Roma, avesse acquistato le aree fino a 5 o 6 km intorno alla città, ed avesse compilato un piano di ingrandimento, studiato con concetti molto elevati, oltre ad avere creato una città con linee molto più grandiose, avrebbe anche fatto un'eccellente speculazione» [*]

«At the beginning, in 1870, if there had been a city administration that intuited what the future of Rome would be, if it had bought the areas up to 5 or 6 km around the city, and had worked out a plan for growth, using highly sophisticated concepts, it would have created a city with far more grandiose lines and it would have made an excellent investment» [*]

(Giovanni Giolitti)

Sommario / *contents*

---

[*] *Per l'edilizia della capitale*, Camera dei deputati, tornata 16 giugno 1907, *Discorsi*, vol. III, p. 969.

[*] *For building in the capital*, Chamber of Deputies, session 16 June 1907, *Speeches*, vol. III, p. 969.

Preface

Paolo Marconi

Italy went through a strong cultural trauma, after the Second World War, both in the field of architectonical Restoration and Planning, due to the birth of Atlantic culture that followed the institution of NATO (North Atlantic Treaty Organization, 1949) and the institution of Marshall Plan as well, that was also supported by the European Recovery Program (ERP) providing around 17 billions of dollars.

Together with ERP Program, also the OEEC (Organization for European Economic Cooperation, the Italian OECE) came into being: it included Austria, Belgium, Denmark, France, Great Britain, Greece, Ireland, Island, Italy, Luxemburg, Norway, Netherlands, Portugal, Sweden, Switzerland, Turkey.

The trauma regarded above all the way of conceiving the architectonical object as something connected to its environs (Landscape, Village, Town) in a linguistic sense, so bound to give people an environment[1] where civil life and development are possible. The eventual traumatic destruction of this environment could cause serious inconveniences, could produce maniacal-depressive states able to de-stabilize the population. The Second World War had aimed to destroy whole cities to strike not only the most important industrial centers, but also the biggest number of houses, beginning with Warsaw destroyed by Nazi Luftwaffe on September 1st, 1939. This was followed by the destruction of Coventry, England, to which English Army answered bombarding Munich at first, then deciding in 1942 a series of bombardments directed to Colonia, Hamburg, Kessel, Berlin, Nurnberg, Dresden (this one shelled on February, 13th 1945).

During the same years Allies bombarded Italy, aiming above all at civil objectives in order to demoralize the population and to cause insurrections against Regime. Japan bombardments of Hiroshima and Nagasaki came after, and with them the War ended.

Marshall Plan provided above all for the reconstruction of shelled European and Italian towns – starting with the Malatesta Temple of Rimini, as we will see later on – thanks to the contribution of S. Kress Foundation[2] as well. At the end of the Second World War they had created the American Committee for the Restoration of Italian Monuments, directed by C. R. Morey (1877-1955), an art

---

[1] «the surrounding, considered with all or most of its characteristic … Complex of social, cultural and moral conditions in which a person lies, grows-up and defines herself …» from Italian Dictionary Devoto Oli, 1987
[2] Cfr., J. H. Stubbs, TIME HONORED - A global view of Architectural Conservation, Hoboken, New Jersey, 2009

La città sostenibile è possibile
Una strategia possibile per il rilancio della qualità urbana e delle economie locali
Ettore Maria Mazzola

Prefazione

Paolo Marconi

L'Italia ha subito un forte trauma culturale nel campo del *Restauro architet-tonico* e della *Progettazione architettonica* dopo la Seconda Guerra Mondiale, a causa dell'avvento della *cultura Atlantica* conseguente all'istituzione della *NATO* (*North Atlantic Treaty Organisation*, 1949) e alla contemporanea istituzione del *Piano Marshall*, quest'ultimo aiutato dallo *European Recovery Program (ERP)* che stanziava circa 17 miliardi di dollari.

Contestualmente al *Programma ERP* nasceva anche la *OEEC - Organisation for European Economic Cooperation* (l'italiana *OECE*)*:* ne facevano parte Austria, Belgio, Danimarca, Francia, Gran Bretagna, Grecia, Irlanda, Islanda, Italia, Lussemburgo, Norvegia, Paesi Bassi, Portogallo, Svezia, Svizzera, Turchia. Il trauma ha soprattutto riguardato il modo di concepire *l'oggetto d'Architet-tura in quanto coerente linguisticamente col suo intorno: il Paesaggio, il Borgo, la Città* e destinato dunque a fornire agli uomini un *ambiente*[1] entro il quale vi-vere e svilupparsi *civilmente*. Un ambiente la cui eventuale *distruzione trau-matica* provocherebbe gravi disagi, producendo *stati maniaco-depressivi* tali da destabilizzare le popolazioni. E la Seconda Guerra Mondiale aveva mi-rato alla distruzione di città intere allo scopo non solo di colpire i centri in-dustriali più importanti, ma anche di *distruggere il maggior numero di abita-zioni*, a cominciare da Varsavia, distrutta dalla Luftwaffe nazista il primo set-tembre del 1939. A questo seguì la distruzione di Coventry in Inghilterra, cui gli inglesi risposero col bombardamento di Monaco, fino a deliberare nel 1942 una campagna di bombardamenti a Colonia, Amburgo, Kessel, Berli-no, Norimberga, Dresda (quest'ultima il 13 febbraio 1945). Negli stessi anni gli Alleati bombardarono l'Italia, mirando soprattutto agli obiettivi civili per *demoralizzare la popolazione e provocare rivolte contro il Regime*. Seguirono i bombardamenti di Hiroshima e Nagasaki in Giappone, e con essi la Guerra terminò.

Il Piano Marshall sopperiva in buona parte alla *ricostruzione delle città bom-bardate in Europa ed in Italia* - a cominciare da Rimini col Tempio Malatestia-no, come vedremo - grazie anche al supporto economico della S. Kress Foun-dation[2]. Alla fine della seconda Guerra Mondiale infatti era stato creato l'*A-*

---

[1] «Lo spazio circostante considerato con tutte o con la maggior parte delle sue caratteristiche ... Complesso di condizioni so-ciali, culturali e morali nel quale una persona si trova, si forma, si definisce ...» dal *Vocabolario* Devoto Oli, 1987
[2] Cfr., J. H. Stubbs, *TIME HONORED - A global view of Architectural Conservation*, Hoboken, New Jersey, 2009

historian of Princeton University and cultural employee at the American Embassy in Rome from 1945 to 1950. The reconstruction began with the Malatesta Temple of Rimini, as the American Committee had «*collected 50.000 dollars yet, to use for finishing restoration works*» (February 20th, 1947). The amount of dollars for the *Tempio* grew up to 65.000, thanks to Kress Foundation which gave also the money for the reconstruction of Santa Trinità's (Holy Trinity) bridge in Florence «*like it was, where it was*» (1955-57)[3], much appreciated by Bruno Zevi in 1958, as we can read in *ENCICLOPEDIA DELL'ARTE*, (the Italian Art Encyclopedia). On July 14th , 1947 G. De Angelis D'Ossat and D. Levi, as delegates of General Direction of the Ministry of Cultural Heritage and Environmental Conservation, enounced on the place itself what kind of intervention they meant to do: «*to replace the external parameter of Leon Battista Alberti drawing in its original position*», by disassembling and reassembling the façade. It was the American B. Berenson (a great Italian art expert) who strengthened that decision, after going to Rimini in 1947 august, luckily sent by the American Committee; thanks to him the Kress Foundation amount of 50.000 dollars could be assigned *only if the temple façade had been disassembled and reassembled*. The disassembly began on Novem-

Rimini, il Tempio Malatestiano distrutto – Rimini, Malatesta Temple destroyed

---

[3] See previous note.

La città sostenibile è possibile
Una strategia possibile per il rilancio della qualità urbana e delle economie locali
Ettore Maria Mazzola

merican Committee for the Restoration of Italian Monuments, diretto da C. R. Morey (1877-1955), storico dell'arte della Princeton University e addetto culturale presso l'ambasciata americana di Roma dal 1945 al 1950. La ricostruzione iniziò dal Tempio Malatestiano a Rimini, avendo l'American Committee «già raccolto 50.000 dollari da destinarsi al completamento dei lavori di restauro» (20 febbraio 1947). I dollari dedicati al Tempio saranno alla fine 65.000, grazie alla Kress Foundation che finanzierà anche la ricostruzione 'com'era, dov'era' del ponte a S. Trinita di Firenze (1955-57)[3], lodata da B. Zevi nel 1958 (ENCICLOPEDIA DELL'ARTE). Il 14 luglio del 1947 G. De Angelis D'Ossat e D. Levi, in qualità di rappresentanti della Direzione Generale del Ministero alle AA.BB.AA., enunciarono sul posto il tipo d'intervento che si voleva intraprendere: «riportare il paramento albertiano dell'esterno nella sua posizione originaria», smontando e rimontando la facciata. A rafforzare tale decisione fu lo statunitense B. Berenson (grande conoscitore d'Arte italiana), il quale nell'agosto del 1947 compì un fatidico sopralluogo per conto dell'American Committee, in seguito al quale furono messi a disposizione i 50.000 dollari ricevuti dalla Kress Foundation solo a patto che si procedesse allo smontaggio e ri-

Rimini, il Tempio Malatestiano oggi – Rimini, Malatesta Temple today

[3] Cfr. la nota precedente

ber, 21st 1947; the reassembly finished on November, 13th 1949.

Mr. Berenson, though he was a great Renaissance art expert, carefully paid attention not to underline the value of authenticity of Art, well known by his contemporary Italian experts interested in monuments' restoration. This was also due to the other English-speaking experts who represented Architecture and Art History in the U.S.A. (many of them had run away from racial persecutions), such as the Masters of Symbolic Forms' Historiography (Gombrich, Panofsky, Wittkover), assigned to the Institute of Fine Arts of New York: they could agree with this method, based on the buildings' iconography and cultural history, only by disputing the authenticity of those building.

Nevertheless the Italian School of the Restoration, self-formed in the environment of Art Historians also experts in attributing and dating of Art Works at the Restoration's Central Institute, was hostile to that method because, they affirmed, it would produce *falsifications* and the more they were faithful, the more criminal they were. Besides, this opinion was growing in the years of the War, also re-connecting herself to the nineteenth-century invectives of C. Boito: «...*The bricks walls, on which time and saltiness have put the admirable shines of their palettes and where the parasite plants climb on the crumbled plasters and throw their roots in the deep holes, cheering, garlanding the grateful ruins, the beautiful dirtiness ... Therefore the monument is a book, that I'm going to read without reductions, additions or rehashes. I want to feel very safe that all is written there, came out from the pen and from the style of the author... and as I would chase in the jail the forger of old medals, so I would send there, to go bad, the forger of an old building or the forger of a part of an old building ...*» (*GITE DI UN ARTISTA*, 1884). Invectives supported by the literary production of the decadent J. Ruskin (*THE SEVEN LAMPS OF ARCHITECTURE* 1849). A form of decadence based on the charm emanated by the *archaeological ruins*, sustained in turn by the *ruinism* of Piranesi and Foscolo (le *ANTICHITA' ROMANE*, «*The moss-grown atrium and the decaying Forums ...*»). A decadence still vindicated by the '*philosophy' of pure preservation*, sold as obligatory to the poor Italian students of architecture from their *professors* who don't know the *profession* of the restorer, keeping silent about the business of 'special' materials and of engineers/consolidators without an *historical/artistic culture* sustained and fomented by this philosophy. And what's more: the Italians of the postwar period saw in the Anglo-Saxons the authors of their suffered bombardments, and therefore they had a grudge against them that compensated the sense of guilt to be the allies of the Nazis and the Japaneses.

Returning to the problem, here introduced, of *the lack of historical artistic culture of the consolidator/conservationist technicians,* such an affirmation must be clarified:

montaggio della Facciata del Tempio. Lo smontaggio iniziò il 21 novembre '47; il rimontaggio terminò il 13 novembre 1949.

Berenson, pur dalla sua posizione di grande *conoscitore* dell'Arte Rinascimentale, si guardava bene dal sottolineare il *valore di autenticità* dell'Arte, tanto caro ai conoscitori italiani suoi contemporanei che si occupavano di Restauro. Ciò era dovuto anche agli altri studiosi anglofoni che rappresentavano la Storia dell'Arte e dell'Architettura negli U.S.A. (molti dei quali fuggiti a causa delle persecuzioni razziali), quali i Maestri della *Storiografia delle Forme Simboliche* (Gombrich, Panofsky, Wittkover), assegnati all'Institute of Fine Arts di New York: essi potevano condividere tale metodo, basato sulla *storia della cultura* e sull'*iconografia* degli edifici, solo mettendo in discussione l'*autenticità di questi ultimi*.

Tuttavia la Scuola italiana del Restauro, formatasi nell'ambiente degli Storici dell'Arte specialisti in attribuzione e datazione delle Opere d'Arte dell'Istituto Centrale del Restauro, era nemica di tale metodo in quanto, si affermava, esso avrebbe prodotto delle *falsificazioni* tanto più *criminali* quanto più esse fossero state fedeli. Tale opinione maturava inoltre negli anni della Guerra, riallacciandosi anche alle invettive ottocentesche di C. Boito: «*...I muri di mattoni, sui quali il tempo e la salsedine hanno messo gli splendori ammirabili delle loro tavolozze e le piante parassite si arrampicano sugli intonaci sgretolati e gettano le loro radici nei buchi profondi, rallegrando, inghirlandando le grate rovine, il sudiciume stupendo ... Il monumento dunque è un libro, che io intendo leggere senza riduzioni, aggiunte o rimaneggiamenti. Voglio sentirmi ben sicuro che tutto ciò che vi stia scritto uscì dalla penna e dallo stile dell'autore ... e come caccerei in galera il falsificatore di vecchie medaglie, così vi manderei a marcire il falsificatore di un vecchio edificio o di una parte di un vecchio edificio...*» (*GITE DI UN ARTISTA*, 1884). Invettive sorrette dalla produzione letteraria del decadentista J. Ruskin (*LE SETTE LAMPADE DELL'ARCHITETTURA*, 1849). Una forma di decadentismo basata sul fascino emanato dalle *rovine archeologiche*, sostenuta a sua volta dal *rovinismo* piranesiano e foscoliano (le *ANTICHITÀ ROMANE*, «*Gli atrii muscosi e i Fori cadenti ...*»). Un decadentismo rivendicato tuttora dalla '*filosofia*' della *pura conservazione*, spacciata come obbligatoria ai poveri studenti di architettura italiani da *professori* che non conoscono la *professione* del restauratore, tacendo il business di materiali 'speciali' e di ingegneri/consolidatori *privi di cultura storico/artistica* che tale '*filosofia*' sostiene e fomenta. Non solo: gli italiani del dopoguerra vedevano negli Anglosassoni gli autori dei bombardamenti subiti, e quindi nutrivano per loro un rancore che compensava il senso di colpa di essere stati gli alleati dei Nazisti e dei Giapponesi.

Firenze, la distruzione del Ponte di Santa Trinita – Florence, the destruction of the Bridge of Santa Trinita

what's missing almost in all the Italian Schools of Architecture today (unlike what still happened in the fifties), it is the teaching of the *History of the Construction of Architecture* necessary to found a *technical (and not only figurative) relationship with the historical building,* that allows our Architects to be able to mend the damaged buildings by using techniques and methods analogous to the original ones. Thus our Professionals would be able to *design new buildings in linguistic continuity with the tradition.* This problem depends above all on the value that had been attributed to the declarations of *'modernism'* of the futurist pseudo 'culture', un-doubtful premonitory sign of the fascist cultural climate: «… *Every generation must build its own city … this constant renewal of the architectural environment will contribute to the victory of Futurism which is making itself known, … and in the name of which we are relentlessly struggling against the cowardice of nostalgia for the past …*» (from the *MANIFESTO DELL'ARCHITETTURA FUTURISTA*, Milan, July 11th 1914).

The futurist audacity ignored the *disastrous ecological, techniques and economic consequences* of 'modernist' architecture: neglecting traditional materials for *'last generation'* materials caused (and still causes) in fact unbelievable negative consequences to the behavior in the middle-long term of constructions, the duration of which is greatly reduced since the reinforced concrete - for instance - decreases of reliability after 30-50 years.

La città sostenibile è possibile
Una strategia possibile per il rilancio della qualità urbana e delle economie locali
Ettore Maria Mazzola

Firenze, il Ponte di Santa Trinita oggi – Florence, the Bridge of Santa Trinita today

Tornando al problema, in questa sede introdotto, della mancanza di cultura storico artistica dei tecnici consolidatori/conservazionisti, tale affermazione va così chiarita: ciò che manca oggi (a differenza di quanto avveniva ancora negli anni '50) in quasi tutte le Facoltà di Architettura italiane, è l'insegnamento della *Storia della Costruzione dell'Architettura* per arrivare ad istituire un *rapporto tecnico (e non solo figurativo) con l'edilizia storica,* che consenta ai nostri Architetti di essere in grado di riparare gli edifici danneggiati utilizzando tecniche e metodi analoghi agli originali. I nostri Professionisti sarebbero così capaci *di progettare nuovi edifici in continuità linguistica con la tradizione.* Questo problema dipende in gran parte dal valore che si era attribuito alle dichiarazioni di 'modernismo' della pseudo 'cultura' futurista, prodromo indubbio della temperie culturale fascista: «... *Ogni generazione dovrà fabbricarsi la sua città ... questo costante rinnovamento dell'ambiente architettonico contribuirà alla vittoria del Futurismo che già si afferma ... e pel quale lottiamo senza tregua contro la vigliaccheria passatista ...*» (dal *MANIFESTO DELL'ARCHITETTURA FUTURISTA,* Milano, 11 luglio 1914).

L'*audacia* futurista ignorava le *disastrose conseguenze ecologiche, tecniche ed economiche* dell'Architettura 'modernista': trascurare i materiali tradizionali a

What's more: little by little the modern architectural language goes replacing the traditional one, together with the substitution of the materials and the constructive techniques, while the inhabitants feel a sense of bewilderment that goes and feeds psychopathological situations of melancholy and violence. The same situations that the abovementioned *American Committee* feared could rise up to advantage of the Soviet Union.

This feeling of bewilderment is similar to the way we feel like when someone begins speaking to us, without warning, in a *language different from our mother tongue*. Actually the *'language'* of the city places it is much more intense than a generic *genius loci*, and it results from the *visual memorization* of the *'dictionary'* and of the *linguistic* manners of local architecture in its own landscape (in Italian the word landscape is *'paesaggio'*, ant it derives from *'paese'*, that means town). A memorization process during which spatial data and figurative and material data, such as the conformation formalities of windows, doors, lintels, cornices, staircases, roofs, masonries, architectural orders etc., are added together. It deals with a real *'language'* deeply assimilated to the equal one and together with the *mother tongue* (harmonious for us, even if for others sharp) while living in the Cities or in the Villages that *'enroll'* this language in their buildings, and it is constituted by *systems of signs* like the house planning's *'types'* and the constructive and materic *'types'*, assimilable to words and complete sentences, typical of every *language*, connected together by their own syntax and grammar. «*… When I look at a window on the façade of a house, I mainly think about its function …up to the point that an architect can also make me some false windows, whose function doesn't exist, and nevertheless these windows (denoting a function that doesn't work, but communicates) work as windows in the architectural context and are communicatively enjoyed as windows. In this case the architectural message underlines the aesthetical function, but also a fatic function - (from the Greek phatòs, 'that can be expressed') - that can be underlined in messages like the obelisk, the arc, the pediment, the architectural order, etc.*», Umberto Eco wrote in *LA STRUTTURA ASSENTE (The absent structure)*, Milan 1968. Thus he was the first who underlined the *communicative function* of architecture, demonstrating it with a beautiful syllogism: «*… Semiology and Architecture: … the objects of the architecture apparently don't communicate but work… but all the phenomena of culture are systems of signs, therefore culture is essentially communication; the architecture is culture, therefore it is communication*» (ibidem).

Up to this point, one should wonder if the beloved option of the futurist and of the following modernist architects – option of a *constant renewal of architectural*

favore dei materiali *'di ultima generazione'* ha comportato infatti (e ancora comporta) incredibili conseguenze negative nel *comportamento nel tempo* delle costruzioni, la durata delle quali è fortemente ridotta dato che il *cemento armato* - ad esempio – diminuisce di affidabilità dopo 30-50 anni. Non solo: man mano che il linguaggio architettonico moderno va sostituendosi a quello tradizionale, assieme alla sostituzione dei materiali e delle tecniche costruttive, si viene a creare negli abitanti uno *spaesamento* (da *paese* con *s* sottrattivo) che va ad alimentare situazioni psicopatologiche di *malinconia e violenza*. Le stesse situazioni che la succitata *American Committee* temeva potessero insorgere a vantaggio dell'Unione Sovietica.

Questa sensazione di *'spaesamento'* è simile a ciò che proviamo quando qualcuno ci parla, senza preavviso, in una *lingua diversa dalla nostra lingua materna*. In effetti il *'linguaggio'* dei luoghi cittadini è ben più intenso di un generico *genius loci*, e risulta dalla *memorizzazione visiva* del *'vocabolario'* e delle modalità *linguistiche* dell'architettura locale nel proprio paesaggio (*paesaggio* da *paese*). Una memorizzazione nella quale si sommano dati spaziali e dati figurativi e materiali, come le modalità di conformazione di finestre, porte, architravi, cornici, scale, tetti, murature, ordini architettonici etc. Si tratta di un vero e proprio *'linguaggio'* profondamente assimilato alla pari ed assieme alla *lingua materna* (armoniosa per noi, anche se per altri stridente) vivendo nelle Città o nei Borghi che lo *'iscrivono'* nei loro edifici, ed è costituito da *sistemi di segni* quali i *'tipi'* planimetrici abitativi e i *'tipi'* costruttivi e materici, assimilabili a vocaboli e intere frasi connesse tra loro dalla propria sintassi e dalla propria grammatica, caratteristici di ogni *linguaggio*. «*… Quando guardo una finestra sulla facciata di una casa, per lo più io penso alla sua funzione … a tal punto, che un architetto può anche farmi delle finte finestre, la cui funzione non esiste, e tuttavia queste finestre (denotando una funzione che non funziona, ma comunica) funzionano come finestre nel contesto architettonico e sono godute comunicativamente come finestre. In questo caso il messaggio architettonico evidenzia la funzione estetica, ma anche una funzione fàtica - (dal greco phatòs, 'che si può esprimere') - che si può evidenziare in messaggi quali l'obelisco, l'arco, il timpano, l'ordine architettonico, etc.*», scriveva Umberto Eco in LA STRUTTURA ASSENTE, Milano, 1968. Con ciò egli ha per primo evidenziato la *funzione comunicativa* dell'Architettura, dimostrandola con un bel sillogismo: «*… Semiologia e Architettura: … gli oggetti dell'architettura apparentemente non comunicano ma funzionano … ma tutti i fenomeni di cultura sono sistemi di segni, dunque la cultura è essenzialmente comunicazione; l'architettura è cultura, dunque è comunicazione*» (ibidem).

environment – could have any psychological, economic and social element as support, to let it be still sustainable. It's not by chance that we begun this writing remembering the story of architectural Restoration in Italy and in Europe after WWII: the constant care of the Anglo-Saxons, who wanted to reproduce the buildings destroyed or ruined by the War, was that to furnish the inhabitants with a *building environment compatible with the language of the places*, aware as they were of the authentic *maniac-depressive psychopathology* that strikes those people who are deprived of their urban context. Mélanie Klein, the great psychoanalyst, spoke of wish of «*reparation of the suffered sadistic aggression*» in case of similar maniac-depressive situations[4], and the action of the above mentioned *American Committee for the Restoration of Italian Monument* was directed exactly to this purpose, as we have seen[5].

Thus, that architectural language *is in any case recoverable* - after two centuries or so since the *philological science* was founded- not by extracting it from fragile manuscripts or from rare mural graffiti, of course: European Countries are still full of beautiful architectures *based on the Rebirth of the Ancient* (and it's at least five centuries they are existing for), and they're also full of historicist architects in line with those who, from the second half of the nineteenth century, were able of to use both the Renaissance and Baroque languages, and the Classical Greek one. A good example of what can be realized has been left, among those architects, by Theophil Hansen (1813 -1891), a Danish architect who worked for Otto I of Baviera, King of Greece, in the second half of the nineteenth century (the Hellenizing Zappeion, National Library and Academy of Fine Arts in Athens, 1861 -1885), who ordered to build important buildings in Vienna, including the Hellenizing Building of the Parliament (1873 -1883) and the contemporary Baroque Building of the Stock Exchange (1874 -1877).

This happened in such a Country, the Austrian one, where they had been using the language of the coeval Italian Architecture since the beginning of the sixteenth century, from Innsbruck to Salzburg to Wien to Budapest, influencing the whole western Europe with the political-religious authoritativeness of the Sacred Roman Empire. A similar process still contemplated the acquisition of Italian artists to solicit the use of an architectural language, inspired to the Roman Catholic culture, that spaced up to the Renaissance and Baroque styles. Thus they had come up to the use of the Greek style, while its influence was gradual-

---

[4] « … *The fundamental process of the melancholy … it is that of the loss of the beloved object reduced in pieces and the strive to reconstruct it …*», *Psicogenesi degli stadi maniaco-depressivi*, (Psychogenesis of the maniac-depressive stadiums) in, *SCRITTI 1921-1958*, Torino, 1978, 2006.

[5] Berenson not by chance, summoned the opinion of the population of Rimini in his pressing the Italian authorities: «… *community was tired to wait for the cathedral, or rather the Tempio Malatestiano, to be reopened to cult …*»

A questo punto, ci si dovrebbe chiedere se l'opzione cara agli architetti futuristi ed ai loro successori 'modernisti' - per un *costante rinnovamento dell'ambiente architettonico* - avesse a supporto elementi psicologici, economici e sociali tali da meritare di essere sostenuta ancora oggi. Non a caso abbiamo iniziato questo scritto rammentando le vicende del Restauro architettonico in Italia ed in Europa a seguito della Seconda Guerra mondiale: la preoccupazione costante degli anglosassoni, che volevano riprodurre gli edifici distrutti o rovinati dalla Guerra, era quella di fornire agli abitanti un *ambiente edilizio compatibile col linguaggio dei luoghi*, consapevoli com'erano dell'autentica *psicopatologia maniaco-depressiva* che colpisce coloro che vengono privati del loro contesto urbano. Mélanie Klein, la grande psicanalista, parlava di volontà di «*riparazione dell'aggressione sadica subita*» nel caso di simili situazioni maniaco-depressive[4], e l'azione dell'*American Committee for the Restoration of Italian Monuments* sopra menzionato era indirizzata proprio a tale scopo, come abbiamo visto[5].

Orbene, quel linguaggio architettonico *è in ogni caso recuperabile* - a quasi due secoli dalla fondazione della *scienza filologica* - non davvero estraendolo da fragili manoscritti o da rari graffiti murali: i Paesi europei sono ancora ricchi di belle architetture *consistenti nella Rinascita dell'Antico* (e sono almeno cinque secoli ad oggi), come pure sono ricchi di architetti *storicisti* in linea con quelli che, dalla seconda metà dell'Ottocento, erano capaci di utilizzare tanto il linguaggio rinascimentale e barocco quanto quello greco classico. Un ottimo esempio di ciò che si può realizzare ci è stato lasciato, tra costoro, da Theophil Hansen (1813-1891), architetto danese che lavorò per Otto I di Baviera Re di Grecia nella seconda metà dell'Ottocento (i grecizzanti *Zappeion, Biblioteca Nazionale* e *Accademia di Belle Arti* ad Atene, 1861-1885), che costruì a Vienna importanti edifici, inclusi il grecizzante Palazzo del Parlamento (1873-1883) e il barocco Palazzo della Borsa contemporaneo di questo (1874-1877). Ciò avvenne in un Paese come l'Austria, dove già dai primi anni del Cinquecento si era dediti ad applicare il linguaggio della coeva Architettura italiana da Innsbruck a Salisburgo a Vienna a Budapest, influenzando con l'autorevolezza politico-religiosa del Sacro Romano Impero l'intero Occidente europeo. Un simile processo prevedeva ancora l'acquisizione di artisti italiani, per sollecitare l'uso di un linguaggio architettonico ispirato alla

[4] « ... *Il processo fondamentale della melanconia ... è quello della perdita dell'oggetto amato ridotto in pezzi e lo sforzo di ricostruirlo ...*», Psicogenesi degli stadi maniaco-depressivi, in, SCRITTI 1921-1958, Torino, 1978, 2006.
[5] Non a caso, Berenson chiamava in causa l'opinione della popolazione riminese nel suo premere sulle autorità italiane: «... *la comunità era stanca di attendere che la cattedrale, vale a dire il Tempio Malatestiano, venisse riaperta al culto ...*»

T. Hansen, Vienna, La Borsa – Wien, The Stock Exchange Building

ly expanding up to Greece with the Bavarian Kingdom, in tuning with France, England and America.

Of course, *what is necessary is the cultural availability and the ability to learn the languages and the foreign or the ancient linguistic Forms*: why the *Certamen Capitolinum* in Latin language still takes place every year? Why the great Giovanni Raboni (1932 -2004) wrote numerous *sonnets* - a poetic Form that goes up to the XIII century[6] - besides loose verses? Perhaps because - it is the answer - Latin language has not died yet[7]; perhaps because the sonnet is a *poetic form* tested for centuries, still able to *communicate poetry*.

The step from languages to dialects is short: these last ones still reflect some *local languages*, thanks to which the human kind won the struggle for survival: what's wrong if we still use them, just like we're often right if we still use some stones or clays or local lumber, or some grains, or some fruits, or some meats and local fishes?

Only the haughty ignorance of the emulates of Sant'Elia could, and still can, speak of *traditionalist cowardice*, today when the moment has come to speak rather of *modernist cowardice*. The cowardice of those who hadn't studied enough but represented the great majority, those who desire that their *'creations'* become

[6] *VERSI GUERRIERI ED AMOROSI*, 1990.

[7] And we can go to the international news-bulletin in Latin language " *NUNTII LATINI* ", a news program edited by the Finnish radio *YLE RADIO 1*, that weekly offers a panning of national and international events, transmitted on Internet in Latin language. The web site is the following: www.yleradio1.fi/tiede/nuntii. The founder has been T. Pekkanen, already Director of the dell'*INSITUTUM ROMANUM FINLANDIAE* in Rome, Villa Lante on the Janiculum Hill

cultura cattolica romana che spaziasse fino allo stile rinascimentale e barocco. Si era così giunti fino all'uso dello stile greco, man mano che la sua influenza si espandeva fino alla Grecia col Regno Bavarese, in sintonia con la Francia, con l'Inghilterra e con l'America.

T. Hansen, Atene, Lo Zappeion – Athens the Zappeion

Certo, *ciò che è necessario è la disponibilità culturale e la capacità di apprendere le lingue e le Forme linguistiche straniere o quelle antiche*: ma perché ogni anno si dà ancora luogo al *Certamen Capitolinum* a Roma in lingua latina? Perché il grande Giovanni Raboni (1932-2004) ha **scritto** numerosi *sonetti* - una Forma poetica che risale al XIII secolo[6] - oltre a comporre in versi sciolti? Forse perché - è la risposta - la lingua latina non è ancora morta[7]; forse perché il sonetto è una *forma poetica* collaudata nei secoli, ancora capace di *comunicare poesia*. Dalle lingue ai dialetti il passo è breve: questi ultimi risentono ancora dei *linguaggi locali*, grazie ai quali il **genere** umano ha vinto la lotta per la sopravvivenza: cosa c'è di errato nell'usarli ancora, come spesso è ancora opportuno usare alcune pietre o argille o legnami locali, o alcune granaglie, o alcuni frutti, o alcune carni e pesci locali?

Solo l'altezzosa ignoranza degli emuli di Sant'Elia poteva e può ancora parlare di *vigliaccheria passatista*, oggi che è giunto il momento di parlare piuttosto di *vigliaccheria modernista*. La vigliaccheria di coloro che, non avendo studiato abbastanza ma essendo la grande **maggioranza**, desiderano che le loro '*creazioni*' divengano '*di moda*', in modo da '*venderle*' agli stolti o agli ignoranti. E dunque - forti del numero - danno guerra ai pochi che invece sanno trattare *l'architettura come una tecnica munita di un linguaggio comunicativo* piuttosto che come una qualunque '*arte visiva*'.

[6] *VERSI GUERRIERI ED AMOROSI*, 1990.
[7] E si vada al notiziario internazionale in lingua latina "*NUNTII LATINI*", un giornale curato dalla radio finlandese *YLE RADIO 1*, che offre settimanalmente una panoramica di avvenimenti nazionali ed internazionali trasmessi via Internet in lingua latina. Il sito informatico è il seguente: *www.yleradio1.fi/tiede/nuntii*. Il fondatore è stato T. Pekkanen, già Direttore dell'*INSITUTUM ROMANUM FINLANDIAE* in Roma, Villa Lante al Gianicolo.

'trendy', so they can 'sell them' to the fools or to ignorant people. And therefore - strong of the number - declare war to those few people who, on the contrary, know how to *treat architecture as a technique provided of a communicative language* rather than as any *'visual art.'*

Nevertheless, Architecture *it is not a visual art*: it is made *ex fabrica et ratiocinatione*, as the everlasting Vitruvio used to say and as the Viennese A. Loos still sustained in 1926: «*our education leans on the classical culture. The architect is a mason who has studied Latin. But modern architects rather seem esperantists…*».

Architecture is destined to lodge and to make human beings live in *building environments* whose language will be learned in the same manner of a *mother tongue*. Its substitution with another kind of housing is similar to an *Esperanto* insert: an *artificial language* of which every utility is lost because other languages are existing since several centuries, and among these there's the Latin one.

Unfortunately the Anglo-Saxon culture, from 1949 on, contemplates the possibility to use a *'contemporary'* language, even including its teaching.

It's not by chance that E. M. Mazzola is teaching at the *UNIVERSITY OF NOTRE DAME SCHOOL OF ARCHITECTURE ROME STUDIES*: he was granted in that University just in virtue of his vocation for the interpretation and the planning of the *architecture of the places*. This prestigious American University finds its existence in the guidelines, regarding the respect of tradition in architecture, decided in the forties of the 20th Century by the (above mentioned) *American Committee for the Restoration of Italian Monuments* and by the great Berenson. However, he didn't associate to the concept of *quality* of Art, that of *authenticity*, even if he was a skilled *expert*.

The book I am proud to introduce here is very direct and well documented, as for the demonstration both of the scarce durability of contemporary housing, and of the absolute negativity of the contribution provided by it to our Country's economy and ecology. All of this is cleverly supported by a very accurate historical summary, compiled by Mazzola, of the negative consequences – above all from the social point of view – of the war to the "traditionalism", a phenomenon still present in a lot of Italian Schools of Architecture.

The fact, proved by E. M. Mazzola with an extraordinary acumen and an exceptional documentary information, that in Italy «*traditional housing could cost from 16,35% up to 40,74% less compared with current housing*» it to be added to the fact that the building behavior's models he quotes as virtuosos, that is the buildings of Garbatella and San Saba's Roman quarters (now 80/100 years old) «*have never been subjected to interventions of maintenance by the ownership, because they were wisely built according to traditional techniques*». And we are dealing with virtuous

La città sostenibile è possibile
Una strategia possibile per il rilancio della qualità urbana e delle economie locali
Ettore Maria Mazzola

L'Architettura tuttavia *non è un'arte visiva*: essa è fatta *ex fabrica et ratiocinatione*, come diceva l'intramontabile Vitruvio e come sosteneva ancora il viennese A. Loos nel 1926: «*la nostra educazione poggia sulla cultura classica. L'architetto è un muratore che ha studiato il latino. Ma gli architetti moderni sembrano piuttosto degli esperantisti …*». L'Architettura è destinata ad ospitare e far vivere gli esseri umani in *ambienti edilizi* il cui linguaggio verrà appreso alla stessa guisa di una *lingua materna*. La sua sostituzione con un'edilizia di altra specie è simile ad un inserto in *esperanto*: una *lingua artificiale* della quale si è perduta ogni utilità in quanto esistono altre lingue radicate da secoli, e tra queste il latino.

Purtroppo la cultura anglosassone dal 1949 in poi contempla la possibilità di impiegare un linguaggio '*contemporaneo*', prevedendone addirittura l'insegnamento. Non a caso E. M. Mazzola insegna presso la UNIVERSITY OF NOTRE DAME SCHOOL OF ARCHITECTURE ROME STUDIES: egli è stato accolto in quell'Università proprio in virtù della sua vocazione per l'interpretazione e la progettazione dell'*architettura dei luoghi*. Questa prestigiosa Università statunitense ritrova la sua ragion d'essere nelle linee-guida, in merito al rispetto della tradizione in architettura, fornite negli anni '40 del XX secolo dall'*American Committee for the Restoration of Italian Monuments* (sopra menzionato) e dal grande Berenson. Egli non associava però al concetto di *qualità* dell'Arte, quello di *autenticità*, pur essendo un *conoscitore* abilissimo.

Il libro che qui mi onoro di presentare è chiarissimo e ben documentato, per quanto riguarda la dimostrazione sia della scarsa durabilità dell'edilizia contemporanea, sia della assoluta negatività del contributo fornito dalla stessa all'economia e all'ecologia del nostro Paese. Tutto ciò è abilmente supportato da un quadro storico molto accurato, che il Mazzola redige, delle conseguenze negative – soprattutto dal punto di vista sociale – della guerra al "passatismo", fenomeno tuttora presente in molte Facoltà di Architettura italiane.

Il fatto, dimostrato da E. M. Mazzola con uno straordinario acume ed un'informazione documentaria eccezionale, che in Italia «*l'edilizia tradizionale può arrivare a costare dal 16,35% fino al 40,74% in meno rispetto all'edilizia corrente*» si aggiunge al fatto che i modelli di comportamento edilizio da lui riportati come virtuosi, ovvero gli edifici della Garbatella e del Quartiere San Saba a Roma (ormai giunti a 80/100 anni di vita) «*non sono mai stati oggetto di interventi di manutenzione da parte della proprietà, poiché sono stati saggiamente costruiti in tecnica tradizionale*». E si tratta di modelli di comportamento vir-

models of behavior also under the *linguistic and communicative* point of view: why do the inhabitants of those suburbs of Rome feel *'at home'* within those walls and those urban spaces, differently from the inhabitants of Corviale? Why did some Architects, although born in the same years of Antonio Sant'Elia (1888-1916), devote themselves to *employing the traditional language*? For instance Plinio Marconi (1893-1974), designer and manager of the building of various building complexes at "La Garbatella" in Rome, who fondly studied the language of Vitorchiano's Village near Rome; or Giuseppe Capponi (1893-1936) - friend and schoolfellow of Marconi – who on the other hand studied the architecture of Capri and Ischia's islands so deeply, and produced the beautiful building, derived from baroque models, on the Lungotevere Arnaldo da Brescia in Rome. Why was their message ignored and even despised until today? They betrayed their contemporaries' modernist oath, but their heritage and their works can demonstrate that the recall of traditional languages is not only possible, *but also ecologically and economically advantageous*, and well accepted by us and in any case by the consumers. On the other hand, this is also true for the most interesting architectural association of the last decades: the *INTBAU.org, Patron His Royal Highness the Prince of Wales'*[8]: this is an International Association that announced, in 2006, an International Congress in Venice dedicated to the 'revisiting' of the 1964 Charter of Venice : *THE VENICE CHARTER REVISITED - Modernism and Conservation in the Post-War World - 2/5 november 2006, Venice, Italy*, inaugurated by a Lecture of the one who's writing, entitled *CONSERVATION VS RESTAURATION: THE ITALIAN CULTURAL REVOLUTION*. In this Lecture it was showed that the Venice Charter is spoiled by the above mentioned error, that of the overestimation of the buildings' *value of authenticity*, nearly as if they were perishable objects of art, that need to be kept inside Museums and preserved from climatic variations, from seismic or war phenomena.

We can end affirming that this book is only the beginning of a series of more and more binding publications, through which we will come to the heart of the matter of interesting projects, like the one of Naples' Barra District quoted in the present text, up to those still in progress of some buildings in L'Aquila and of

[8] *...Is a worldwide organization dedicated to the support of traditional building, the maintenance of local character and the creation of better places to live. We are creating an active network of individuals and institutions who design, make, maintain, study or enjoy traditional building, architecture and places. 3,200 members are a global force for the continuity of tradition in architecture and building and the promotion of traditional urban design, working to develop programs tailored to local needs on every continent. National chapters have been formed in Australia, Canada, Cuba, Germany, India, Iran, Ireland, Italy, Nigeria, Poland, Romania, Russia, Scandinavia, the UK and USA.* ↭ *INTBAU UK is a Charity registered in the United Kingdom no. 1103068, under the patronage of His Royal Highness The Prince of Wales. It is directed by the INTBAU College of Chapters and administered from London by its General Manager Aura Woodward, working with Senior Lecturer in Architecture & Urbanism, Dr Matthew Hardy. The Congress was organized by: A. G. K. Menon - India's leading conservation expert and author of the innovative "INTACH Charter for the Conservation of Unprotected Archi-*

tuosi anche sotto il punto di vista *linguistico e comunicativo*: come mai gli abitanti di quei sobborghi di Roma si sentono *'a casa loro'* entro quelle mura e quegli spazi urbani, diversamente dagli abitanti di Corviale? Come mai alcuni Architetti, pur nati negli stessi anni di Antonio Sant'Elia (1888-1916), si dedicarono ad *impiegare il linguaggio tradizionale*? Ad esempio Plinio Marconi (1893-1974), progettista e direttore dei lavori di tanti complessi edilizi a La Garbatella a Roma, che studiò amorevolmente il linguaggio del Borgo di Vitorchiano, vicino Roma; oppure Giuseppe Capponi (1893-1936) - amico e sodale di Marconi – che invece studiò profondamente l'architettura caprese e ischitana e produsse a Roma il bel palazzo, derivato da modelli barocchi, sul Lungotevere Arnaldo da Brescia. Come mai il loro messaggio è stato ignorato e addirittura disprezzato fino ad oggi?

Essi tradirono il *giuramento modernista* dei loro contemporanei, ma il loro retaggio e le loro opere stanno a dimostrare che la rievocazione dei linguaggi tradizionali non solo è possibile, *ma è ecologicamente ed economicamente vantaggiosa*, oltre che ben accetta da noi ed in ogni caso dagli utenti. Ciò d'altronde è vero anche per l'Associazione architettonica più interessante degli ultimi decenni: *l'INTBAU.org, Patron His Royal Highness the Prince of Wales'*[8]: si tratta di un'Associazione Internazionale che ha indetto nel 2006 un Congresso Internazionale a Venezia dedicato alla *'rivisitazione'* della Carta di Venezia del 1964: *THE VENICE CHARTER REVISITED - Modernism and Conservation in the Post-War World - 2/5 november 2006, Venice, Italy*, inaugurata da una Conferenza di chi scrive intitolata *CONSERVATION VS RESTAURATION: THE ITALIAN CULTURAL REVOLUTION*. In questa Conferenza si dimostrava che la Carta di Venezia è viziata dall'errore sopra menzionato, quello cioè di sovrastimare il *valore di autenticità* degli edifici, quasi essi fossero oggetti d'arte deperibili, che necessitino di essere conservati nell'ambito di Musei e preservati da variazioni climatiche, da fenomeni sismici o bellici.

Si può concludere affermando che questo libro è solo l'inizio di una serie di pubblicazioni sempre più impegnative, attraverso le quali si entrerà nel merito di interessanti progetti, come quello del Quartiere Barra a Napoli riportato nel pre-

---

[8] *...Is a worldwide organization dedicated to the support of traditional building, the maintenance of local character and the creation of better places to live. We are creating an active network of individuals and institutions who design, make, maintain, study or enjoy traditional building, architecture and places. 3,200 members are a global force for the continuity of tradition in architecture and building and the promotion of traditional urban design, working to develop programmes taliored to local needs on every continent. National chapters have been formed in Australia, Canada, Cuba, Germany, India, Iran, Ireland, Italy, Nigeria, Poland, Romania, Russia, Scandinavia, the UK and USA. INTBAU UK is a Charity registered in the United Kingdom no. 1103068, under the patronage of His Royal Highness The Prince of Wales. It is directed by the INTBAU College of Chapters and administered from London by its General Manager Aura Woodward, working with Senior Lecturer in Architecture & Urbanism, Dr Matthew Hardy*. Il Congresso fu organizzato da: *A. G. K. Menon* - India's leading conservation expert and author of the innovative *"INTACH Charter for the Conservation of Unprotected Architectual Her-*

the two Roman buildings in via Giulia (Palazzo Ruggia and Palazzo Lais) who had been destroyed in 1939 in respect to the Master Plan of 1931: absolutely to be reconstructed *'as they were, where they were.'*

The assignment brought ahead by Mazzola is lived by the American and the Italian students as a splendid exercise of *linguistic learning and architectural composition according to the language of the place.* An exercise which the Schools of Architecture of the *UNIVERSITY OF NOTRE DAME*, the *UNIVERSITY OF MIAMI* and the *UNIVERSITÀ DI ROMA TRE* devote themselves to with passion, convinced to promote an *architectural revolution* which is much more binding and useful to the world, compared with the last century's modernist *'revolution'*.

T. Hansen, Vienna, il Parlamento - Wien, The Parliament

tectual Heritage and Sites in India", 2004; *Paolo Marconi* - Italy's most controversial conservation theorist and author of *"Il recupero della bellezza"*, 2005; *W. Brown Morton III*, USA - Co-author of the seminar *"Secretary for the Interior's Guidelines for Rehabilitating Historic Buildings,"* 1977; *Hab Boguslaw Szmygin,* Poland - *Secretary of the International Committee of ICOMOS on conservation theory and philosophy, and member of ICOMOS International Executive Committee; Robert Adam,* UK - Architect, *Chair of INTBAU,* author of *"Classical Architecture: A Complete Handbook"* 1990, *"Tradition and the Modern City"* 1995, and *"Does Heritage Dogma Destroy Living Tradition?"*2003; Amund Sinding-Larsen, Norway - President of ICOMOS Norway; *Steven Bee,* UK - Director of Planning & Development, English Heritage; *Eusebio Leal Spengler,* Cuba - Historiador of the City of Havana, and many others.

sente testo, fino a quelli ancora in corso di alcuni edifici de l'Aquila e dei due edifici romani in Via Giulia (i Palazzi Ruggia e Lais) distrutti nel 1939 in ossequio al Piano Regolatore del 1931: assolutamente da ricostruire *'com'erano, dov'erano'*. Il compito portato avanti dal Mazzola è vissuto dagli allievi americani ed italiani come uno splendido esercizio di *apprendimento linguistico e di composizione architettonica nella lingua del luogo*. Un esercizio cui le Facoltà di Architettura della UNI-VERSITY OF NOTRE DAME, della UNIVERSITY OF MIAMI e della UNIVERSITÀ DI ROMA TRE si dedicano con passione, convinti di promuovere una *rivoluzione architettonica* assai più impegnativa ed utile al mondo della '*rivoluzione*' modernista del secolo passato.

T. Hansen, Atene, l'Accademia - Athens, the Academy

itage and Sites in India", 2004; *Paolo Marconi* - Italy's most controversial conservation theorist and author of *"Il recupero della bellezza"*, 2005; *W. Brown Morton III*, USA - Co-author of the seminar *"Secretary for the Interior's Guidelines for Rehabilitating Historic Buildings,"* 1977; *Hab Boguslaw Szmygin*, Poland - *Secretary of the International Committee of ICOMOS on conservation theory and philosophy, and member of ICOMOS International Executive Committee*; *Robert Adam*, UK - Architect, *Chair of INTBAU*, author of *"Classical Architecture: A Complete Handbook"* 1990, *"Tradition and the Modern City"* 1995, and *"Does Heritage Dogma Destroy Living Tradition?"*2003; Amund Sinding-Larsen, Norway - President of ICOMOS Norway; *Steven Bee*, UK - Director of Planning & Development, English Heritage; *Eusebio Leal Spengler*, Cuba - Historiador of the City of Havana, and many others.

Premise

In the latest publications[9] there was an attempt to confront the social-economic-urban problems of the city of today, seeking to single out the main causes of social decay and lack of quality in the city, and trying to suggest a *"sustainable"* solution to those problems.

Bringing as a model some of the sociological studies applied to the cities, as well as the experience of the History of Italian Town-Planning – post-unification in particular – there was a try to conceive of what improvements might be obtained through a process of compacting the so-called *"sprawl city"* inherited by twentieth-century town planning.

The suggestions, in any case, were limited to outlining the idea of re-compacting, and indicating the possible advantages, both social and economic, that would come about as a result.

What was not yet dealt with in preceding publications is the procedure that can make that idea feasible. The reason for this "omission" was that, despite the certainty of the validity of the effort, it was necessary to grasp the political and economic mechanisms that could "set the machine in motion".

For these reasons, faithful to Edmund Burke's definition of *"advanced society"* – «*A healthy civilisation is one which maintains all relations between the present, the future and the past intact. When the past feeds and sustains the present and the future, there is an advanced society!*»[10] – it was necessary to obtain the historical and technical documentation on the subject to make the idea more convincing.

Consequently, the results presented in this book can be a strong aid to achieve the hoped *"sustainable city"*.

When this research began, the fear was not to obtain the searched results, at least in the near future. The area covered in this field is vast and practically unexplored, and the political and economic aspects did not come with the usual frame of reference.

Nevertheless, during the research, above all during further investigations on the economic aspects, some sudden corroborations were revealed. These important results were more and more convincing of the pursued idea.

[9] E. M. Mazzola, *Contro Storia dell'Architecture Moderna: Roma 1900-1940 – A Counter History of Modern Architecture: Rome 1900-1940*, Alinea Edizioni, Florence 2004; E. M. Mazzola, *Architettura e Urbanistica, Istruzioni per l'uso – Architecture and Town Planning, Operating Instructions*, Gangemi Edizioni, Rome 2006; E. M. Mazzola, *Verso un'Architettura Sostenibile – Towards Sustainable Architecture*, Gangemi Edizioni, Rome 2007.

[10] P. Langford, *The Writings and Speeches of Edmund Burke*, Oxford, Clarendon Press 1981.

Premessa

Nelle ultime pubblicazioni[9] si è cercato di affrontare le problematiche socio – economico – urbanistiche della città contemporanea al fine di individuare le cause principali del suo degrado sociale e della sua mancanza di qualità urbana, cercando conseguentemente di suggerire una soluzione "sostenibile" a quei problemi.

Prendendo a modello alcuni studi sociologici applicati alle città, e la Storia dell'Urbanistica italiana – in particolare di quella post-unitaria – si era voluto provare ad immaginare quali miglioramenti si potrebbero ottenere operando un processo di ri-compattamento della cosiddetta *"città dispersa"* ereditata dall'urbanistica del XX secolo, indicando quelli che potrebbero essere i possibili vantaggi, sociali, ambientali ed economici, che da essa potrebbero scaturire.

Con questa nuova pubblicazione si prova quindi a suggerire quello che potrebbe essere l'iter procedurale in grado di rendere attuabile quell'idea.

La ragione per cui fino ad oggi non si era ancora definita questa strategia è stata dovuta al fatto che, sebbene certi della cosa, bisognava afferrare i meccanismi politico-economici in grado di "far muovere la macchina".

Per questo motivo, fedeli alla definizione di *"società evoluta"* dataci da Edmund Burke – *«una civiltà sana è quella che mantiene intatti i rapporti col presente, col futuro e col passato. Quando il passato alimenta e sostiene il presente e il futuro, si ha una società evoluta!»*[10] – si è sentita l'esigenza di discutere storicamente e tecnicamente questo delicato soggetto, operando una analisi dettagliata di carattere storico, sociologico, politico-economico, legislativo e ambientale.

I risultati riportati in questo libro vengono così ad essere di fondamentale aiuto per la realizzazione della tanto auspicata *"città sostenibile"*.

Quando si è dato avvio a questa ricerca si temeva di non riuscire ad ottenere, almeno nel breve termine, i risultati cercati, questo per la vastità di un campo disciplinare quasi inesplorato e che, almeno per quello che riguarda gli aspetti di politica economica, esulava dalle nostre specifiche competenze.

---

[9] E. M. Mazzola – *Contro Storia dell'Architettura Moderna: Roma 1900-1940 – A Counter History of Modern Architecture: Rome 1900-1940*, Alinea Edizioni, Firenze 2004; E. M. Mazzola – *Architettura e Urbanistica, Istruzioni per l'uso – Architecture and Town Planning, Operating Instructions*, Gangemi Edizioni, Roma 2006; E. M. Mazzola – *Verso un'Architettura Sostenibile – Toward Sustainable Architecture*, Gangemi Edizioni, Roma 2007.

[10] P. Langford, *The Writings and Speeches of Edmund Burke*, Oxford, Clarendon Press 1981.

The main goal of this research was to demonstrate what we have been saying for years: that traditional architecture is, in every aspect more advantageous than the present-day building.

What complicates the program is basically that we could not use examples of present-day traditional architecture to "demonstrate the theory" because of the possible disparity in assessment with conventional building. Labour specializing in traditional building techniques is so difficult to find now that its cost cannot be considered a proper term for comparison.

The "challenge" was then to carry out an analysis that examined the construction costs pertaining to examples of architecture designed and built when construction labour was more equitably distributed, then bringing it up to date. By way of explanation: finding someone now who is capable of building a reinforced-concrete building with perforated-brick curtain walls is not the same as finding someone capable of building a brick arch … and this difference has to be paid for!

Therefore, the reader will re-discover a series of regulations and instruments which made the construction of low-cost (and other) districts possible in early twentieth-century Rome. Even though these districts were built at the darkest moment of the housing problem, caused by the exponential growth in number of inhabitants, these were done in a short time and with such high quality that they are now on a par with the real-estate values of the historical center. At the same time, a study of those regulations and strategies helps us to understand how the labour problem was solved, by giving new impulse to the small and medium enterprises "threatened" by industry, thereby identifying the possible path to follow in improving the economic situation in the country.

Obviously there is a discussion of how those highly intelligent regulations and instruments from one era can co-exist with, and help each other, in turn with a series of instruments and regulations presently in use (*territorial agreements, district contracts, project financing, etc.*).

Further on in the book there is an analysis that compares the real building costs using today's parameters – the monetary revaluation coefficients supplied by the Italian Bureau of Statistics – of a series of constructions by Public Housing Institute of Rome up to 1930, with those of today's construction, and also those for building the disastrous public-housing complex of "*Corviale*" built in Rome between the nineteen seventies and eighties. Then, those costs are converted from Liras to Euro. The results of this analysis, where the hidden truths of twentieth-century speculation policies were concerned, were almost as disconcerting as now!

La città sostenibile è possibile
Una strategia possibile per il rilancio della qualità urbana e delle economie locali
Ettore Maria Mazzola

Tuttavia nel corso delle indagini, e soprattutto nel corso delle verifiche economiche, si sono ben presto avuti dei riscontri, talmente importanti, da rafforzare l'idea che si stava portando avanti.

L'obiettivo principale di questa ricerca era quello di dimostrare ciò che si sostiene da anni: l'architettura tradizionale risulta, sotto tutti gli aspetti, più vantaggiosa dell'edilizia corrente.

La complicazione di questo programma era essenzialmente dovuta al fatto che, per arrivare alla "dimostrazione del teorema", a causa della possibile disparità di valutazione con l'edilizia convenzionale, non si potevano utilizzare degli esempi di architettura tradizionale odierni: la manodopera specializzata in tecniche edilizie tradizionali è oggi così rara a trovarsi, che il suo costo non può essere ritenuto un giusto termine di paragone.

La "sfida" era dunque quella di effettuare un'analisi che prendesse in esame, attualizzandoli, i costi di costruzione relativi ad esempi di architettura concepiti e realizzati quando la manodopera del settore edile risultava distribuita più equamente … per intenderci, trovare oggi qualcuno in grado di costruire un edificio di cemento armato con tamponature di mattoni forati, non è la stessa cosa che trovare qualcuno in grado di costruire un arco in mattoni … e questa differenza si paga!

Il lettore verrà così a riscoprire una serie di norme e strumenti che resero possibile la realizzazione di quartieri popolari (e non) della Roma del primo Novecento i quali, pur realizzati nel momento più nero del problema casa generato dalla crescita esponenziale del numero di abitanti, vennero costruiti in tempi brevi, e con qualità tali che oggi li fanno equiparare al valore immobiliare del centro storico. Al tempo stesso ci si accorgerà come, dallo studio di quelle norme e strategie, si possa comprendere come fu possibile dare una soluzione al problema lavoro, rinvigorendo la piccola e media imprenditoria locale "minacciata" dall'industria, individuando così la possibile strada da seguire oggi per migliorare le sorti economiche del Paese.

Ovviamente si discute di come quelle intelligentissime norme e strumenti di un tempo possano convivere, ed aiutarsi vicendevolmente, con una serie di strumenti e norme di oggi (*patti territoriali, contratti di quartiere, project financing*, ecc.).

Andando avanti, il libro riporta un'analisi che mette a confronto i costi reali di costruzione attualizzati – utilizzando i coefficienti di rivalutazione monetaria forniti dall'ISTAT – di una serie di edifici realizzati dall'Istituto per le Case Popolari di Roma entro il 1930, con quelli dell'edilizia corrente, nonché con quelli relativi alla costruzione del disastroso complesso popolare di "*Corviale*" realizzato a Roma tra gli anni '70 e '80 del secolo scorso: questa analisi ha fornito dei risultati quasi sconcertanti circa le verità nascoste delle politiche speculative dell'edilizia del XX secolo, come di quella corrente!

Also dealt with – with technical documentation in this case as well – are the hidden truths of the so-called bio-architecture. This is compared to the traditional principles and techniques of traditional architecture, by which is meant that architecture produced up to the industrialization of the building process. In this case, too, the advantages of tradition over industrial architecture are explained in every aspect.

Finally, as it was said, the sociological problems of the contemporary city are viewed. They are compared with similar situations from a hundred years ago, in hopes of understanding how we might make good use of those experiences to improve today's living conditions.

Last chapter presents a practical example where the principles discussed in this book were applied. Supported with a descriptive text, we present a drawings' selection of the project made by some of the third year's students of the University of Notre Dame, School of Architecture, for one of the most decayed part of the district Napoli-Barra: a project which met an outstanding success among the public administrators, the citizens and the promoters too.

The book, then, is aimed at setting forth a series of operational indications for redesigning the layouts of our cities, in hopes that one of those who govern us, whatever their political orientation may be, may assess the validity of the points being made and, hopefully, make suitable laws.

Carlo Broggi 1925-26 – Roma, Edificio ICP in Piazzale dell'Emporio 1
Carlo Broggi 1925-26 – Rome, Social Housing building, Piazzale dell'Emporio

Di seguito si affrontano – sempre documentando tecnicamente l'argomento – le verità nascoste della cosiddetta bio-architettura, mettendola a confronto con i principi e le tecniche dell'architettura tradizionale, intendendo come tale l'architettura prodotta fino all'avvento dell'industrializzazione nel processo edilizio: anche in questo caso emergono i vantaggi, a 360°, dell'architettura tradizionale rispetto a quella industriale.

Infine, come accennato, si mettono a confronto le problematiche sociologiche della città contemporanea con situazioni similari di cento anni fa. Quest'analisi ci dimostra quanto dovremmo far tesoro di quelle esperienze per poter migliorare la condizione di vita di oggi.

L'ultimo capitolo è dedicato ad un esempio pratico in cui sono stati applicati i principi contenuti in questo testo: supportata da un testo descrittivo, è riportata una selezione di tavole del progetto elaborato da alcuni studenti del terzo anno della University of Notre Dame School of Architecture per una delle zone più degradate del quartiere Napoli-Barra, progetto che ha riscosso un enorme successo presso le autorità competenti, la cittadinanza e i promotori.

Per concludere, questo libro mira a definire una serie di indicazioni operative per il riassetto urbanistico delle nostre città, nella speranza che qualcuno dei nostri "governanti", indipendentemente dal loro colore politico, possano valutare la validità della tesi e, magari, legiferare in materia.

Mario Fiorentino 1975-82 – Roma, "*il Corviale*" edificio IACP
Mario Fiorentino 1975-82 – Roma, "*il Corviale*" Social Housing building

The Theory and the Reasons behind it

The theory is basically that it is necessary to take a new look at the way our cities – or rather, some portions of them resulting from indiscriminate twentieth-century expansion – are planned and built. This new look could lead to enormous advantages for everyone, particularly on an economic and social level.

In order to perform properly this re-examination, once and for all, we must abandon the attitude of town planners and architects of the second half of the twentieth century, that of basing their decisions on experimentation of untested methods and materials, in which the citizens inadvertently become guinea pigs. Differently from that *modus operandi*, it would be necessary to adopt – or rather dust off – the criterion of traditional town planning, often spontaneous, based on an awareness of situations in urban development, which have demonstrated their correctness and validity in the course of time.

Obviously and including the issue of the attitude toward theory and design, we take for granted that town planning must not favour personal interests over that of the community. On that subject, it could be useful to recall some fundamental thoughts on the subject:

«[…] *our cities and suburbs are expressions of ugliness and the passion for individual economic advantage which so amply dominates their creation* […] *the architect must therefore do something to limit the devastating trend of catering to personal interests, directly satisfying and ordering the needs of the community* [11]».

«[…] *the designing of residential districts must be based on permanent and indispensable living and health conditions, not on passing fashions or agreements stipulated by the theoretical builder* [12]».

«[…] *as long as people are people, with their dimensions, needs, habits, many devices that were good in the past are still good today* […] *it is quite rare that the old parties are not capable of providing ideas to the researcher whether these are transformed or understood in the opposite sense* […] [13]».

From these three enlightening quotations, especially the last of them, it becomes clear that *the cases of urban development* from which lessons can be drawn must not be sought in a highly remote past, because they can be traced back to that period which bears witness to the last age of dignified construction in the city, despite the fact that it coincides with the worst housing crisis

---

[11] Raymond Unwin, *Town Planning in Practice. An introduction to the Art of Designing Cities and Suburbs*, London , 1909, p. 13.

[12] Raymond Unwin, *The Question of Political Policy. The Movement Past and Present*, in *Labour Leader* nr 18, 1902, p. 121.

[13] *L'Architettura Minore in Italia – l'Architettura Minore a Roma tra '500 e '800*, edizioni Crudo & C., Turin, 1927.

La tesi e le sue ragioni

La tesi è sostanzialmente quella della necessità di rivedere il modo in cui le nostre città – o meglio alcune porzioni di esse derivanti dall'espansione scriteriata novecentesca – sono state pianificate e costruite. Questa revisione potrebbe portare enormi vantaggi per tutti, in particolar modo a livello economico e sociale.

Per operare correttamente questa revisione si dovrebbe, una volta per tutte, abbandonare l'attitudine degli urbanisti e degli architetti della seconda metà del XX Secolo, ovvero quella di basare le proprie scelte su sperimentazioni non dimostrate, dove i cittadini fungono da cavie inconsapevoli. Diversamente da quel *modus operandi*, sarebbe invece necessario adottare – o meglio rispolverare – il criterio dell'urbanistica tradizionale, spesso spontanea, basato sulla conoscenza di situazioni di sviluppo urbano che, nel tempo, hanno dimostrato la loro correttezza e validità.

Ovviamente, compreso il discorso sull'attitudine teorico-progettuale, si dà per scontato che l'urbanista non debba privilegiare l'interesse personale a quello della collettività. A tal proposito vanno ricordati alcuni fondamentali pensieri sull'argomento:

«[…] *le nostre città e i nostri sobborghi esprimono la bruttezza e la passione per il vantaggio economico individuale che ne domina così ampiamente la creazione […] l'architetto deve dunque fare qualcosa per limitare la tendenza devastante degli interessi personali e per soddisfare in modo diretto e ordinato le esigenze della comunità*[11]».

«[…] *la progettazione dei quartieri residenziali si deve basare su condizioni permanenti e indispensabili di vita e di salute, non su mode passeggere o convenzioni stabilite dal costruttore teorico*[12]».

«[…] *finché gli uomini sono uomini, così fatti di dimensioni, di esigenze, di abitudini, molti dispositivi che erano buoni in passato sono buoni ancora oggi […] è ben raro che gli antichi partiti non siano in grado di fornire, trasformati o magari intesi a rovescio, uno spunto all'opera del ricercatore […]*[13]».

Da questi tre illuminanti passaggi, e soprattutto dall'ultimo di essi, risulta chiaro che le *situazioni di sviluppo urbano* da cui imparare non debbano ricercarsi in un passato remoto, poiché esse possono rintracciarsi in quello spazio di tempo che, pur coincidendo con il momento di peggiore crisi abitativa del nostro Paese, testimonia dell'ultimo periodo in cui si è costruita una città dignitosa. Ci si riferisce a quel lasso di tempo che va dall'unità d'I-

---

[11] Raymond Unwin, *Town Planning in Practice. An introduction to the Art of Designing Cities and Suburbs*, London, 1909, pag. 13.
[12] Raymond Unwin, *The Question of Political Policy. The Movement Past and Present*, in *Labour Leader* n°18, 1902, pag. 121.
[13] *L'Architettura Minore in Italia – l'Architettura Minore a Roma tra '500 e '800*, edizioni Crudo & C., Torino, 1927.

in Italy. We are referring to that period from Italian unification to the one between the two world wars, with particular attention to the period 1910 to 1926.

At that time, actually because of the need *to provide housing for everyone*, the studies on residential housing, above all, of philanthropic and sociological interest, were such that it was possible to build a sustainable city, both socially and economically speaking. As proof of what it is argued, many of the districts built for public housing, are now the most sought-after in the real-estate market.

It is no accident to point out 1910 as a date *post-quem*, since the setting up of the *Comitato per il Miglioramento Economico and Morale di Testaccio*[14] [transl. note: the *Committee for the Economic and Moral Betterment of Testaccio*] took place in 1905, and in 1909-10 the publication of five years of shared sociological study[15] performed by Domenico Orano – Chairman of the *Committee* in the Roman district of Testaccio to understand the reasons for social unrest and the violence that typically ensues.

It is no accident, either, if they mark the date 1926 as a limit *ante-quem*, since two important events took place between '24 and '26. These occurred unnoticed perhaps, but they had disastrous consequences for the way in which buildings were built:

---

[14] Various associations were part of this committee. Among those who made the greatest contributions in the various lower-class districts of Rome in that period were: Cooperativa Arti Edilizie e Stradali [t.n.: Building and Road Arts Co-operative]; Cooperativa Pittori [Painters' Co-operative], Decoratori ed Arti affini [Decorators and Associated Arts]; Unione Cooperativa fra gli operai lavoranti in ferro [Metal Workers' Co-operative]; Società Cooperativa Edilizia ed Affini Caio Cestio [Caius Cestius Building and Associated Co-operative]; Lega Resistenza Macellai [Butchers' Resistance League]; Cooperativa Marmisti Marble-cutters Co-operative]; Società di Previdenza delle Officine del Gas [Gas-workshop Protection Society]; Lega Inquilini del Testaccio [Testaccio Tenants' League]; Cooperativa Plietriscanti e Affini; Cooperativa Scalpellini in Silice e Granito [Silica and Granite Stonecutters' Co-operative]; Cooperativa per Costruzioni Edilizie e Stradali [Building and Road Co-operative]; Società fra gli Operai Cavatori e Selciatori in Silice [Silica Quarryworkers and Cutters' Society]; Società di Mutuo Soccorso fra garzoni del Campo Boario [Campo Boario Errand-boys Self-help Society]; Lega di Resistenza fra Carrettieri e Facchini del Gas [Gas Carter and Transporters' Resistance League]; Lega Operaia Scalpellini in Silice [Silica Cutters' Workers' league]; Federazione fra gli Addetti all'Illuminazione Pubblica [Federation of Public Lighting Workers]; Società di Mutuo Soccorso fra gli Operai delle Officine del Gas e Luce Elettrica [Gas and Electricity Workers' Self-help Society]; Cooperativa fra gli Operai Raccoglitori di Pellami [Hide-gatherers' Co-operative]; Cooperativa fra Accoratori di Suini [Pig-slaughterers' Co-operative]; Cooperativa Conciatori di Pellami [Tanners' Co-operative]; Cartiere Ergomino Di Palma [Ergomino DiPalma Paper Mills]; Lega Operai Magazzini Comunali di Selci [Workers' League of the Town Warehouse for Paving Stones]; Circolo Barsanti [Barsanti Club]; Circolo Lucatelli [Lucatelli Club]; Fascio Giovanile Repubblicano [Republican youth organization]; Circolo Socialista Testaccio [Testaccio Socialist Club]; Circolo Anticlericale Testaccio [Testaccio Anticlerical Club]; Circolo Aventino [Aventino Club]; Circolo Anita Garibaldi [Anita Garibaldi Club]; Sezione del Partito Radicale del Quartiere [Neighbourhood Radical Party Section]; Educatorio Roma; Ricreatorio Testaccio [Testaccio Recreation Center]; Ricreatorio Anita Garibaldi [Anita Garibaldi Recreation Center]; Comitato per la Refezione Scolastica Testaccio [Testaccio School-Lunch Committee]; Scuola Professionale Femminile Testaccio [Testaccio Professional School for Girls]; Concerto Testaccio [Testaccio Concert]; Assistenza Testaccio [Testaccio Assistance]; Scuola Popolare di Educazione Civile [People's School for Civic Education].

[15] Domenico Orano, *Come vive il popolo a Roma*, Pescara 1909; D. Orano, *gli Istituti di assistenza a Testaccio*, Pescara

talia al periodo compreso tra le due guerre, con una particolare attenzione al periodo che va dal 1910 al '26.

A quel tempo infatti, a causa della necessità di *provvedere ad una casa per tutti*, gli studi sull'edilizia residenziale, ma soprattutto quelli filantropici e sociologici, fecero sì che si riuscisse a costruire una città sostenibile, sia a livello sociale che economico. La dimostrazione di quanto si sostiene è che, molti dei quartieri edificati a quel tempo come popolari, oggi risultano essere i più ambiti dal mercato immobiliare.

Non è un caso se si indica il 1910 come data *post-quem*, poiché si data al 1905 la costituzione del *Comitato per il Miglioramento Economico e Morale di Testaccio*[14] e al 1909-10 la pubblicazione dei cinque anni di studio sociologico partecipato[15] effettuato da Domenico Orano – Presidente del *Comitato* – presso il quartiere popolare romano di Testaccio al fine di comprendere le ragioni del disagio sociale e della violenza che lo caratterizzavano.

Non è nemmeno un caso se si riconosce il 1926 come termine *ante-quem*, poiché tra il '24 e il '26 si verificano due importanti eventi, forse passati in sordina, la cui eco ebbe conseguenze disastrose sul modo di costruire:

1. nel marzo del '24, a coronamento di una lunga campagna denigratoria[16] nei confronti dell'*Unione Edilizia Nazionale*[17] -architettata dal partito Fascista nell'interesse degli speculatori privati – l'*Unione* viene soppressa e venduto il suo patrimonio immobiliare: con questo atto

[14] Di questo Comitato facevano parte diverse associazioni, tra le più propositive di tutte quelle presenti nei vari quartieri popolari romani del periodo: Cooperativa Arti Edilizie e Stradali; Cooperativa Pittori, Decoratori ed Arti affini; Unione Cooperativa fra gli operai lavoranti in ferro; Società Cooperativa Edilizia ed Affini Caio Cestio; Lega Resistenza Macellai; Cooperativa Marmisti; Società di Previdenza delle Officine del Gas; Lega Inquilini del Testaccio; Cooperativa Plietriscanti e Affini; Cooperativa Scalpellini in Silice e Granito; Cooperativa per Costruzioni Edilizie e Stradali; Società fra gli Operai Cavatori e Selciatori in Silice; Società di Mutuo Soccorso fra garzoni del Campo Boario; Lega di Resistenza fra Carrettieri e Facchini del Gas; Lega Operaia Scalpellini in Silice; Federazione fra gli Addetti all'Illuminazione Pubblica; Società di Mutuo Soccorso fra gli Operai delle Officine del Gas e Luce Elettrica; Cooperativa fra gli Operai Raccoglitori di Pellami; Cooperativa fra Accoratori di Suini; Cooperativa Conciatori di Pellami; Cartiere Ergomino Di Palma; Lega Operai Magazzini Comunali di Selci; Circolo Barsanti; Circolo Lucatelli; Fascio Giovanile Repubblicano; Circolo Socialista Testaccio; Circolo Anticlericale Testaccio; Circolo Aventino; Circolo Anita Garibaldi; Sezione del Partito Radicale del Quartiere; Educatorio Roma; Ricreatorio Testaccio; Ricreatorio Anita Garibaldi; Comitato per la Refezione Scolastica Testaccio; Scuola Professionale Femminile Testaccio; Concerto Testaccio; Assistenza Testaccio; Scuola Popolare di Educazione Civile.

[15] Domenico Orano, *Come vive il popolo a Roma*, Pescara 1909; D. Orano, *gli Istituti di assistenza a Testaccio*, Pescara 1910; D. Orano, *Case e non Baracche. Relazione per conto del Comitato per il miglioramento economico e morale di Testaccio*, Roma 1910; D. Orano, articolo *"per le case popolari"* ne *Il Messaggero* del 6 marzo 1913.

[16] Giovanni Preziosi sul *"Giornale d'Italia"* pubblicò una serie di articoli mirati in tale direzione e affermò (28.06 e 2.07 del 1922) di *essere stato invitato ad avviare una campagna contro la casa gratis durante l'adunata del Partito Fascista tenutasi il 18.06.1922 al Teatro Argentina*. Contemporaneamente pubblicò un saggio edito da Laterza titolato *Cooperativismo rosso piovra dello Stato*, pp.65-69.

[17] Come ricordava Giuseppe Emanuele Modigliani in una discussione tenutasi il 4 agosto del 1921 presso la Camera dei Deputati, «*l'Istituto dell'Unione Edilizia Nazionale è stato fatto appositamente per integrare gli sforzi delle cooperative, quindi per controbilanciare la privata speculazione*».

The sustainable city is possible
A possible strategy for recovering urban quality and local economies
Ettore Maria Mazzola

1. In March of '24, at the end of a long campaign of denigration[16] involving the *National Building Union*[17] contrived by the Fascist Party in the interest of private speculators – the *Union* was eliminated and its property sold: the contribution in terms of quality from many of those building cooperatives, coordinated by the *Union* was thus lost, whereas they had been the main local economic and "artistic" source. They also played the role of ceiling price for the real-estate market.

2. In 1925, the Institution of the *Governorates* by the Fascist Party came seriously to limit the decision-making power and control of the cities and towns and local administrations: from that time on the interest of the "privileged few" cast a pall on that of the community [18];

To clarify what it is claimed, we must recall that, up to the founding of the Public Housing Institute decreed by the so-called *Luzzatti Law* [19], the lodgings built for the *people* of the Italian cities all suffered from the typical building of appearances – as a result of the Beaux-Arts approach – which did not take the least account of the living conditions inside: in the interest of the land-owner speculators – who, thanks to the criterion of the *convention* designed their own districts – the kind of building adopted was the one of closed mega-block type, already called *"barracks"* or *"human beehive"* at that time.

The result of this way of operating was amply demonstrated later [20], it was the source of the worst wounds that the main Italian cities suffered: speculation on rents and rents from sublets, overcrowded lodgings, contagious diseases and veritable epidemics arising from the poor living conditions, vandalism and violence, prostitution, etc.

Otherwise, thanks to Orano's studies and the role of the *Comitato per il Miglioramento Economico and Morale di Testaccio* - that of making proposals -

1910; D. Orano, *Case and non Baracche. Relazione per conto del Comitato per il miglioramento economico and morale di Testaccio*, Roma 1910; D. Orano, article *"per le case popolari"* - *Il Messaggero*, 6 March 1913.

[16] Giovanni Preziosi in the *"Giornale d'Italia"* published a series of articles aiming in that direction and stated (28 June and 2 July 1922) that *he had been invited to initiate a campaign against the free home during the rally of the Fascist Party held on 18 July, 1922 at the Teatro Argentina*. At the same time, he published a study, with Laterza the publisher, entitled *Cooperativismo rosso piovra dello Stato (Red Cooperativism, the State Mafia)* , pp.65-69.

[17] As Giuseppe Emanuele Modigliani recalled in a discussion on 4 August 1921 in the Chamber of Deputies, «*The Institute of the National Building Union was created deliberately to combine the efforts of the cooperatives, hence to counterbalance private speculation*».

[18] In particular a substantial modification of the ICP Acts of Incorporation was made. It entailed a further limitation on the autonomy of the Institute which became a simple manager of the political power of the Governorate, having lost that characteristic of company entrepreneurship that it had attained.

[19] Law of 31 May 1903 nr 254.

[20] The results of the enlightening inquiries of Casalini in Turin, Montemartini in Milan can be compared to those

La città sostenibile è possibile
Una strategia possibile per il rilancio della qualità urbana e delle economie locali
Ettore Maria Mazzola

veniva a mancare l'apporto qualitativo di molte di quelle cooperative edilizie, coordinate dall'*Unione*, che avevano costituito la principale fonte economica ed "artistica" locale, giocando altresì un ruolo di calmiere per il mercato immobiliare.

2. nel 1925, l'istituzione dei *Governatorati* da parte del Partito Fascista viene a limitare gravemente il potere decisionale e di controllo dei Comuni e delle altre amministrazioni locali: da questo momento in poi l'interesse di "pochi eletti" viene ad adombrare quello della collettività[18];

Per chiarire ciò che si sostiene va ricordato che, fino alla fondazione dell'Istituto Case Popolari decretato con la cosiddetta *Legge Luzzatti*[19], le abitazioni costruite per il *popolo* delle città italiane erano state caratterizzate dalla tipica edilizia di facciata – figlia dell'impostazione Beaux-Arts – che non teneva minimamente in considerazione le condizioni di vita al suo interno: negli interessi speculativi dei proprietari dei suoli – che grazie al criterio della *convenzione* si autoprogettavano i loro quartieri – la tipologia adottata era quella del megablocco chiuso, già a quell'epoca definito *"caserma"* o *"alveare umano"*.

Il risultato di questo modo di operare, fu abbondantemente dimostrato in seguito[20], era all'origine delle peggiori piaghe che affliggevano le principali città italiane: speculazione sul regime degli affitti e subaffitti, sovraffollamento delle abitazioni, malattie contagiose e vere e proprie epidemie determinate dalla cattive condizioni abitative, atti di vandalismo e di violenza, prostituzione, ecc.

Diversamente, grazie agli studi di Orano e al ruolo propositivo del *Comitato per il Miglioramento Economico e Morale di Testaccio*, e grazie soprattutto all'opera dell'Istituto Case Popolari, dell'Istituto Romano per i Beni Stabili e degli ingegneri/architetti Giulio Magni, Quadrio Pirani, Edoardo Talamo ecc., poté svilupparsi un nuovo modo di concepire l'edilizia popolare[21]. Grazie a questo nuovo modo di progettare le case popolari, si ebbe un notevole miglioramento del-

---

[18] In particolare nel 1926 avviene una modifica sostanziale dello Statuto dell'ICP che comporta una ulteriore limitazione di autonomia dell'Istituto che, perdendo quel carattere di imprenditorialità aziendale che aveva raggiunto, diviene un semplice gestore della politica del Governatorato.

[19] Legge 31 maggio 1903 n°254.

[20] Possono confrontarsi i risultati delle illuminanti inchieste di Casalini a Torino, Montemartini a Milano e quelle già citate di Orano a Roma.

[21] Il presidente dell'Istituto Romano Case Popolari, Malgadi, nel 1918, nel testo *"il nuovo gruppo di case al Testaccio"* affermava: «*Parlare di arte in tema di case popolari può sembrare per lo meno esagerato; ma non si può certo negare l'utilità di cercare nella decorazione della casa popolare, sia pure con la semplicità imposta dalla ragione economica, il raggiungimento di un qualche effetto che la faccia apparire, anche agli occhi del modesto operaio, qualche cosa di diverso dalla vecchia ed opprimente casa che egli abitava [...] Una casa popolare che, insieme ad una buona distribuzione degli appartamenti unisca un bello aspetto esteriore, è preferita ad un'altra [...] e dove questo vi è si nota una maggior cura da parte degli inquilini nella buona tenuta del loro alloggio e in tutto ciò che è comune con gli alloggi del medesimo quartiere [...] Una casa che piace si tiene con maggior riguardo, ciò vuol dire che esercita anche una funzione educativa in chi la abita*».

and, thanks especially to the work of the *Istituto Case Popolari*, the *Istituto Romano per i Beni Stabili* and the engineer-architects Giulio Magni, Quadrio Pirani, Edoardo Talamo etc., it became possible to bring about a new way of looking at public housing[21]. Thanks to this new way of designing public housing, there was a noteworthy improvement in the lives of the residents, and it was not long before the slogan of the Institute of Public Housing became *"The healthy and educational home"*[22].

In order to explain what we meant for *the reasons of unease* and for what must be the right criterion to adopt in building cities, it is useful a self-quotation, recalling the sense of the essay *Parigi oggi o Roma all'inizio del Novecento?*[23], concerning the problems experienced in 2005 in the *French banlieues*. Wishing to understand what the social causes of the revolt of suburb dwellers might be, it is sufficient to study, even summarily, the analysis carried out by Domenico Orano in his pioneering sociological study on the Testaccio District of Rome. Here one finds out how the initial speculative development in the district, and consequent inhuman living conditions, gave rise to outbreaks of violence similar to the ones being experienced today in France.

This study shows that the irreverence and vandalism in the outskirts that are forgotten or ignored by the centers of power, are the natural response to those who feel they are invisible: the acts of vandalism striking public property or that of others, then as now, are the expression of the repressed resentment of the individual, which is set loose on something which is not felt as belonging to the person, also becomes identified as a symbol of the power which forces him or her to live in determined situations.

Furthermore, considering the fact that those acts of vandalism now involve the city center as well, for the same reasons as in the outskirts, it was made this observation:

already mentioned by Orano in Rome.

[21] In 1918, the President of the Public Housing Institute, Malgadi, stated in his book *"il nuovo gruppo di case al Testaccio"*: «*It may seem an exaggeration to speak of art in terms of public housing; but the usefulness of seeking, even with the simplicity required for financial reasons, the achievement of some effect that will make it appear, even to a modest worker, something different from the old and oppressive house where he had lived [...] Public housing, which, along with a good distribution of apartments, can combine an attractive outer appearance and is preferred over another type [...] where this situation exists greater care is taken by the tenants in the proper maintaining of their dwellings and all that is in common with the dwellings of the same district [...] A home which gives pleasure is kept with greater care, which means that it performs an educational function for he person who lives there*».

[22] Alberto Calza Bini, the President of the ICP, in *il Fascismo per le Case del Popolo* (Fascism for the Houses of the People), Tipografia Sociale, Rome 1927 wrote: «*[...] the Institute took the greatest possible care to see that the technical – would be inseparable from the artistic conception for a healthy and educational house. A city such as Rome with superb traditions of art and beauty requires an architectural dignity that is all the more necessary in this period of civic rebirth [...]*».

[t.n. *Today Paris or Rome of the earliest Twentieth Century*]

[23] Published in the monthly journal *Carta Etc.*, nr 5, December 2005.

La città sostenibile è possibile
Una strategia possibile per il rilancio della qualità urbana e delle economie locali
Ettore Maria Mazzola

la vita dei residenti, tanto che, di lì a breve, lo slogan dell'Istituto Case Popolari divenne *"La casa sana ed educatrice"* [22].

Per chiarire meglio ciò che si intende per *ragioni del disagio* e per *criterio* da adottare nella costruzione delle città, torna utile un'autocitazione, ricordando il senso del saggio *Parigi oggi o Roma all'inizio del Novecento?*[23], relativo ai problemi vissuti nel 2005 nelle *banlieues* francesi. Volendo comprendere quelle che potrebbero essere le ragioni sociali che muovono la rivolta degli abitanti delle periferie, sarebbe sufficiente conoscere, anche sommariamente, l'analisi svolta nel suo pionieristico studio sociologico da Domenico Orano sul Quartiere Testaccio di Roma, in essa si comprende in che modo l'iniziale sviluppo speculativo del quartiere, e le conseguenti condizioni disumane di vita, fossero all'origine dei fenomeni violenti analoghi a quelli che oggi sta vivendo la Francia.

Questo studio ci dimostra come l'irriverenza e il vandalismo delle periferie dimenticate o ignorate dai centri del potere, siano la naturale risposta di chi si senta invisibile: gli atti vandalici verso la proprietà altrui o pubblica, allora come oggi, sono l'espressione del senso di risentimento represso da parte dell'individuo, che viene sfogato su qualcosa che, oltre a non essere sentita come propria, viene anche identificata come simbolo del potere che lo costringe a vivere in determinate realtà.

Andando avanti in quel saggio, considerando che per le stesse ragioni delle periferie, quegli atti di vandalismo ormai riguardano anche il centro delle città, si faceva questa riflessione:

All'indomani della rivoluzione industriale, il sociologo utopista inglese Owen notava: «*Quando la borghesia si accorgerà che le città sono diventate delle polveriere, che in esse maturano idee rivoluzionarie, e addirittura vere rivoluzioni, in quel momento crederà opportuno intervenire non tanto per cercare di migliorare la condizione della classe operaia, quanto per conservare se stessa e il suo potere*». Oggi, alla luce di ciò che accade in Francia, potremmo parafrasare Owen dicendo: quando architetti e politici (residenti in centro) si accorgeranno che il congestionamento del centro storico è anche dovuto all'enorme massa di persone che vi si riversa dalle periferie alla ricerca degli spazi che le sono stati negati, e che le periferie sono diventate polveriere, che in esse maturano idee rivoluzionarie, e addirittura vere rivoluzioni, in quel momento crederanno opportuno intervenire, non tanto per cercare di

---

[22] Alberto Calza Bini, Presidente dell'ICP, ne *il fascismo per le case del popolo*, Tipografia Sociale, Roma 1927 scriveva: «[…] *l'Ente dedicò le maggiori cure affinché la concezione tecnica fosse indissolubile da quella artistica per la casa sana ed educatrice. Una città di superbe tradizioni di arte e di bellezza quale Roma impone infatti una dignità architettonica tanto più necessaria in questo periodo di rifiorimento civile* […]».

[23] Pubblicato sul mensile *Carta Etc.*, n°5, dicembre 2005.

Immediately after the industrial revolution, the utopian English sociologist Owen pointed out: «*When the bourgeoisie discovers that the cities have become powder kegs, that revolutionary ideas breed not to mention revolutions themselves, then it will deem it opportune to act not so much to try to improve the condition of the working class, as to preserve itself and its power*». Now, in the light of what is happening in France we could paraphrase Owen and say: when architects and politicians (residents in the center) realize that congestion in the historical center is also due to the enormous masses of people who pour in from the suburbs seeking spaces that have been denied to them, and that the suburbs have become powder kegs, that revolutionary ideas breed there, not to mention revolutions themselves, then will they deem it opportune to act, not so much to improve the condition of the suburbs as to preserve the quality of their beloved historical center.

Assuming what has been summarized thus far, it seems clear that the criterion for designing the city has to be given a new look, not only in the interest of those who live in the districts less fortunate than the city center, but also in protection of that center.

It might seem a paradox, but the cities we inherited from twentieth-century town-planning, along with the enormous problems listed, have brought with it enormous value for the future.

Indeed, as it was observed in a preceding publication[24] our cities are, for the most part, made up of enormous empty spaces, than can neither be called city streets or squares. All these spaces, within or contingent to the districts, are almost exclusively public property.

In case the decision was made to put this idea of re-compacting the city into practice since fossil fuels – necessary, in fact, *to make* the modernist city operate[25] – are likely to run out, much of this land could be built upon, and it would become a considerable financial resource for the public treasury: those areas would become that *excellent speculation* which, in his speech of 16 June 1907, Giovanni Giolitti complained had not been implemented by the City of Rome after the capital had been transferred.

This time, however, not only would there be no need for local administrators to purchase lands – since they would become the owners of an enormous domain – but there would even be the possibility of filling the public coffers by selling and/or

---

[24] E. M. Mazzola – *Verso un'Architettura Sostenibile – Toward Sustainable Architecture*. Gangemi Edizioni, Rome 2007.

[25] It would suggest that everyone read the book of James Howard Kunstler *The Long Emergency – Surviving the End of the Oil Age, Climate Change, and Other Converging Catastrophes of the Twenty-first Century*, 2005, Atlantic Monthly Press. Italian version: *Collasso – Sopravvivere alle attuali guerre e catastrofi in attesa di un inevitabile ritorno al passato*, 2005, Edizioni Nuovi Mondi Media.

migliorare la condizione delle periferie, quanto per conservare la qualità del loro amato centro storico.

Dato quindi per assunto quanto fin qui esposto, appare evidente che si debba rivedere il criterio di progettare la città, non solo nell'interesse di chi vive nei quartieri meno fortunati del centro cittadino, ma anche a tutela di quest'ultimo.

Potrebbe apparire paradossale, ma la città che abbiamo ereditato dall'urbanistica novecentesca, insieme agli enormi problemi elencati, ha portato con sé anche quella che potrebbe rivelarsi una immane ricchezza per il futuro.

Come si faceva notare in una precedente pubblicazione[24] infatti, le nostre città sono costituite per larga parte da enormi spazi vuoti, non definibili né come strade urbane né come piazze. Tutti questi spazi, interni o tangenti ai quartieri, sono quasi esclusivamente di proprietà pubblica.

Nel caso si decidesse di mettere in pratica l'idea di ricompattamento urbano – peraltro necessaria dato il probabile imminente esaurimento dei combustibili fossili necessari a *far muovere* la città modernista[25] – una buona parte di queste aree potrebbe trasformarsi in suolo edificabile, divenendo una risorsa economica non indifferente per le casse pubbliche: quelle aree verrebbero a costituire quella *eccellente speculazione* che, nel suo discorso del 16 giugno 1907, Giovanni Giolitti aveva lamentato non essere stata praticata dal Comune di Roma dopo il trasferimento della Capitale.

Questa volta però, non solo non ci sarebbe la necessità di acquistare terreni da parte delle amministrazioni locali – in quanto risulterebbero già proprietarie di un immane demanio – ma addirittura ci sarebbe la possibilità di rimpinguare le casse pubbliche vendendo e/o cedendo terreni edificabili alle condizioni dettate dai nuovi proprietari terrieri, lo Stato e le amministrazioni locali.

Perché allora non provare a capire come questa macchina potrebbe funzionare?

Come si sosteneva nel capitolo introduttivo, lo studio della Storia è indispensabile per evitare il ripetersi di errori già commessi, così come per riscoprire le strategie che hanno reso possibili circostanze coronate da successo.

---

[24] *Verso un'Architettura Sostenibile – Toward Sustainable Architecture.* Gangemi Edizioni, Roma 2007.

[25] Suggerisco a tutti la lettura del libro di James Howard Kunstler *The Long Emergency – Surviving the End of the Oil Age, Climate Change, and Other Converging Catastrophes of the Twenty-first Century*, 2005, Atlantic Monthly Press. Versione italiana: *Collasso – Sopravvivere alle attuali guerre e catastrofi in attesa di un inevitabile ritorno al passato*, 2005, Edizioni Nuovi Mondi Media.

granting land for building on conditions dictated by the new landowners, the State and the local administrations.

Why not try to understand how this machine could work?

As we claimed in the introductory Chapter, the study of History is indispensable to avoid repeating errors already made, as it is to re-discover the strategies that have made possible circumstances crowned with success.

This is why it is useful to acquire a knowledge of those laws and urban tools that made it possible to accomplish Rome, the Capital. Accomplishment that was done in a dignified fashion for the residents, and coherent with the local architecture and urbanism, and which, at the same time, turned building into the main industry of the Country.

Mindful of the quotation at the beginning of this chapter: «[…] *it is quite rare that the old parties are not capable of providing ideas to the researcher whether these are transformed or understood in the opposite sense* […]», if we try to make a critical re-reading of those norms and events, we could watch with greater conviction at the idea of urban re-compacting and regeneration of the national economy as outlined in the preceding books. This is why one maintains that this kind of knowledge could induce our politicians – whatever their political orientation may be – to think about the proper way of viewing the development of our Country, to protect it from being suffocated by the global market, and the loss of cultural identity.

Thus, in the following Chapter we shall seek, to the greatest extent possible, to provide a brief historical excursus that can summarize those events, figures and laws that, almost a century later, can still show us the possible road to follow on behalf of the desired change.

La città sostenibile è possibile
Una strategia possibile per il rilancio della qualità urbana e delle economie locali
Ettore Maria Mazzola

Questa è la ragione per cui torna utile la conoscenza di quelle leggi e quegli strumenti urbanistici che consentirono di costruire Roma Capitale. Costruzione che avvenne in maniera dignitosa per i residenti e coerente con la tradizione urbanistico architettonica locale e che, al tempo stesso, portò l'edilizia a divenire la principale industria del Paese.

Memori della citazione riportata in apertura di questo capitolo: «[...] *è ben raro che gli antichi partiti non siano in grado di fornire, trasformati o magari intesi a rovescio, uno spunto all'opera del ricercatore* [...]», se provassimo ad operare una rilettura critica di quelle norme e di quegli eventi, potremmo dunque guardare con maggiore convinzione a quell'idea di ricompattamento urbano e rilancio dell'economia nazionale proposta per grandi linee nei libri precedenti. Questo è il motivo per cui si ritiene che questo genere di conoscenza potrebbe condurre i nostri politici – di qualsiasi colore essi siano – a ragionare sul giusto modo di guardare allo sviluppo del nostro Paese, sì da tutelarlo dal soffocamento del mercato globale e dalla perdita dell'identità culturale.

Con il capitolo che segue si cercherà dunque, per ciò che possibile, di riportate un breve excursus storico in grado di riassumere quegli eventi, quelle figure e quelle norme che, a distanza di circa un secolo, possono ancora mostrarci la possibile strada da seguire per l'auspicato cambiamento.

What can we learn from the History of Rome, the Capital?

After the contraction of the urban fabric in the early Middle Ages in *Campus Martius* and close to the main churches, the urban history of Rome continued for the next 1300 years rolled out on top of the preceding fabric, keeping the relationship between the city and the surrounding country intact.

The urban fabric from the map drawn by Giovan Battista Nolli in 1748, is more or less the same as in the maps preceding Italian Unification.

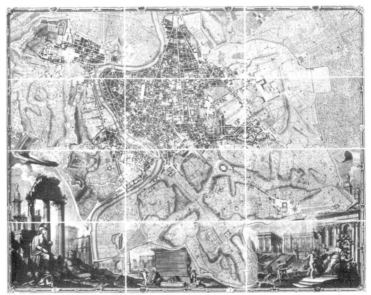

Roma – Pianta del Nolli 1748
Roma – 1748 Plan of the city made by Giovan Battista Nolli

The later maps show that, in just a few decades, the city had extended more than it had ever done previously, and this spread ended up compromising the age-old relationship between city and country, as was the case from district to district. The orthogonal fabric lacking areas for socialization, typical of the new *"Piedmontese Quarters"*, is removed from the context of this historical city and not placed in any relation to the animated morphology of the territory.

Che cosa possiamo imparare dalla storia di Roma Capitale?

Dopo la contrazione alto medievale del tessuto urbano all'interno del Campo Marzio e a ridosso delle principali chiese, la storia urbana di Roma è proseguita per i successivi 1300 anni in sovrapposizione al tessuto edilizio precedente, mantenendo inalterato il rapporto tra la città e la campagna circostante.

Il tessuto urbano riportato nella Pianta disegnata nel 1748 da Giovan Battista Nolli, risulta pressoché lo stesso rappresentato nella cartografia successiva fino all'unità d'Italia.

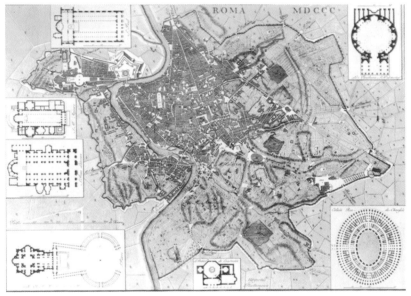

Roma – Pianta di Angelo Uggeri, 1800
Roma – 1800 plan of the city made by Angelo Uggeri

Le piante successive ci mostrano invece come, nell'arco di pochi decenni, si giunse ad un'estensione della città mai registrata prima, estensione che gradualmente finì col compromettere il millenario rapporto città-campagna, così come quello tra quartiere e quartiere. Il tessuto ortogonale privo di luoghi per la socializzazione, tipico dei nuovi *"quartieri piemontesi"*, risulta infatti avulso dalla città storica e non relazionato alla movimentata morfologia del suolo.

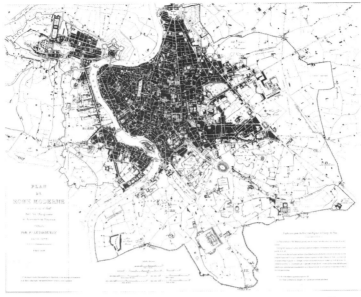

Roma - 1838, Plan de Rome Moderne disegnata da Paul LeTaroully
Roma - 1838, Plan de Rome Moderne made by Paul LeTaroully

On that subject, and as it was pointed out in a preceding book[26], we need to remind that the new Rome was build in defiance of its predecessor. One need only think of the anti-socializing, highly boring and poorly connected nineteenth-century districts – the fruits of the system of speculation based on the *"convenzione"* and the rigid "grid" of Napoleonic and

Roma – Piano Regolatore 1883
Roma – 1883 Master Plan

Roma – Piano Regolatore Edmondo Sanjust di Teulada 1909
Roma – 1909, Edmondo Sanjust di Teulada's Master Plan

[26] E. M. Mazzola – *Architettura e Urbanistica, Istruzioni per l'uso – Architecture and Town Planning, Operating Instructions*, Gangemi Edizioni, Roma 2006.

La città sostenibile è possibile
Una strategia possibile per il rilancio della qualità urbana e delle economie locali
Ettore Maria Mazzola

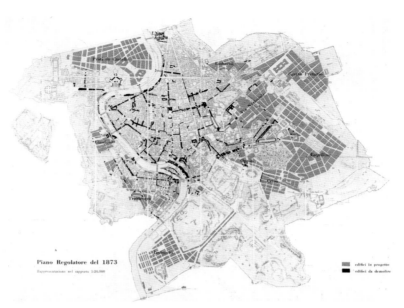

Roma – Piano Regolatore 1873
Roma – 1873 Master Plan

Roma – Piano Regolatore Generale 1931
Roma – 1931 General Master Plan

[26] *Architettura e Urbanistica, Istruzioni per l'uso – Architecture and Town Planning, Operating Instructions*, Gangemi Edizioni, Roma 2006.

Piedmontese town planning – they were called *"in reprimand* [of] *and a lesson"* to old Rome, characterized by its *"filthy and narrow streets"*[27].

Note that although the final sense of that type of urban layout was presented as a "necessity", in actual fact, that dictatorial way of "ordering" the city did not and does not have anything to do with the real needs of the residents. As the American sociologist, Richard Sennet, has astutely pointed out, the *urban orthogonal grid* represents «*the first manifestation of a particularly modern form of repression which negates the value of others and of the places specifically suited to the construction of every-day commonplace things*»[28].

Returning to Rome, as the included maps show, the city's urban shape turns out to have totally changed over a brief period of time. Nonetheless, and aside from the problems listed, the quality of building in the first quarter of the twentieth century maintained a certain respect for the character of the city and the dignity of its residents, especially for what belonged to the poorer classes.

Much of that quality comes from the policies of people like Giovanni Giolitti, Luigi Luzzatti and Ernesto Nathan, who devised laws to protect the community and local economy, but they also made many enemies among the private speculators among the aristocracy and the Roman clergy.

So let us try to understand the circumstances that led Rome to take on a central role for the Italian building – hence economic – sector.

The central nature of Rome was the result of two factors, the first based on objective factors – an unprecedented population boom – the second, rhetorical – Rome as a symbolic choice, the Capital that Cavour and the Savoy wanted.

Shortly after Italian Unification and transfer of the Capital to Rome, the land-market business was solidly in the hands of the big land owners – members of the Roman aristocracy and clergy – who, similarly to what happened post-Communist Russia, having sensed the imminent fall of the Papal State and subsequent elimination of the ecclesiastical axis, divided up all the land surrounding the center of the city.

This condition meant, as Giolitti later lamented, that there existed no trace of a domain by which the State could solve the problem of the real-estate market and, as a consequence, that of housing to the lower and middle classes.

The building market was, on the contrary, manoeuvred by unscrupulous bankers, foreign investors and otherwise, who provided solely and ex-

---

[27] Giovanni Faldella, *Roma Borghese*, Rome 1882.

[28] Richard Sennet, *American Cities: The Grid Plan and the Protestant Ethic*, International Social Science Journal; XLII, 3, 1990.

La città sostenibile è possibile
Una strategia possibile per il rilancio della qualità urbana e delle economie locali
Ettore Maria Mazzola

A tal proposito, come si faceva notare in una precedente pubblicazione[26], va ricordato che la nuova Roma venne edificata in spregio a quella precedente. Si pensi che gli antisocializzanti, noiosissimi e mal collegati quartieri ottocenteschi – figli del sistema speculativo della *"convenzione"* e della rigida "griglia" dell'urbanistica napoleonico-piemontese – vennero definiti *"di rimprovero e insegnamento"* nei confronti della vecchia Roma, caratterizzata, si diceva, da *"viuzze strette e lerce[27]"*.

Si noti che, benché il senso ultimo di quel tipo di impianto urbano venisse presentato come una *"esigenza"*, nella realtà quel modo dittatoriale di "ordinare" le città non aveva, e non ha, nulla a che fare con le effettive esigenze dei residenti. Come infatti ha acutamente evidenziato il sociologo americano Richard Sennet, la *griglia ortogonale urbana* rappresenta «*la prima manifestazione di una forma particolarmente moderna di repressione che nega il valore degli altri e dei luoghi specificatamente addetti alla costruzione della banalità quotidiana*»[28].

Tornando dunque a Roma, come può notarsi dalle piante riportate in precedenza, la sua forma urbana e le sue dimensioni risultano totalmente cambiate nell'arco di un breve lasso di tempo. Ciononostante, e a dispetto delle problematiche elencate, la qualità edilizia di quanto prodotto nel primo venticinquennio del XX secolo mantenne un certo rispetto nei confronti del carattere della città e della dignità dei suoi residenti, specie di quelli appartenenti alle classi disagiate.

Molto di quella qualità si deve alla politica di personaggi come Giovanni Giolitti, Luigi Luzzatti ed Ernesto Nathan, i quali concepirono norme a tutela della collettività e dell'economia locale, creandosi ovviamente molti nemici tra gli speculatori privati dell'aristocrazia e del clero romano.

Cerchiamo dunque di capire quelle circostanze che portarono Roma ad assumere un ruolo centrale per il settore edilizio – e quindi economico – italiano.

La centralità di Roma fu causata da due fattori, il primo dovuto a motivi oggettivi – boom demografico senza precedenti – il secondo a motivi retorici – scelta simbolica di Roma Capitale voluta da Cavour e dai Savoia.

All'indomani dell'unità d'Italia e del trasferimento a Roma della Capitale, il business del mercato dei suoli era fermamente nelle mani dei grandi proprietari terrieri – membri dell'aristocrazia e del clero e romano – i quali, analogamente a quanto recentemente avvenuto nella Russia post-comunista, avendo avuto sentore della caduta dello Stato Pontificio e della succes-

---

[27] Giovanni Faldella, *Roma Borghese*, Roma 1882.
[28] Richard Sennet, *American cities: the grid plan and the protestant ethic*, International Social Science Journal; XLII, 3, 1990.

clusively for their own interests, who did everything but think about the quality of the lives of the city's new inhabitants, especially that of the poorer classes obliged to rent their lodgings[29]. As we have seen, the expansion of the city that came about as a result of these circumstances led the city to double its size and number of inhabitants in a short period of time, creating those side effects previously spoken of.

The main town-planning tool for this operation in urban development was the *convenzione*[30], a criterion introduced by the astute Belgian Cardinal Francesco Saverio De Merode.

This tool, not only imposed the will of the landowner on the City administration, but even managed to make him or her a millionaire in a short time.

The reason for this second factor lay in the fact that the City administration was not as well equipped as building societies, and was obliged to subcontract the works of town planning to the company that had agreed by contract to perform the work.

In the light of what was said above, it becomes easy to understand why, in 1907, Giolitti found it appropriate to make the observation quoted in the Preface: «*At the beginning, in 1870, if there had been a city administration that intuited what the future of Rome would be, if it had bought the areas up to 5 or 6 km around the city, and had worked out a plan for growth, using highly sophisticated concepts, it would have created a city with far more grandiose lines and it would have made an excellent investment*».

Population growth, the problem of housing, and the "*building fever*" in Rome immediately after unification should be considered an extraordinary event without precedents in its centuries-old history: excepting the alleged reconstruction that followed the Gaulish invasion of 390 B.C. and that which followed Nero's fire of 64 A. D., to find analogous speculation it is necessary to analyze the development of the large colonial capitals, such as Algiers, Tunis, New Delhi and Shanghai where, guess what, speculation was handled by the same "groups" as those who operated in post-unification Rome[31].

[29] Orano's studies on the Testaccio District of Rome are proof of this, especially the already mentioned *Come vive il popolo a Roma*, Pescara 1909.

[30] To clarify what is meant by "*convenzione*", we can quote the very clear explanation by Italo Insolera in *Roma – dal X al XX secolo*, Laterza Edizioni, Rome-Bari 1980, p. 367: «*the "convenzione" is a contract between the owner of land and the City. The owner agrees to sell to the City at a modest price the road surfaces / areas (generally, according to a plan made by the owner himself or herself) thus reduced to the minimum possible size required for traffic alone [this comment is mine] and seldom any area for public services (school, market, etc.); the City agrees to build sewers, the aqueduct, gas mains, pavements, paving, public lighting, the street fountains and manhole covers for watering and agrees permanently to maintain all of this (or else the City, at its own expense — paid well in advance — engages the owner to carry out these works). Finally, the City authorizes the construction of the lots resulting from the planning of the streets, according to the design presented by the owner, and rarely with any modification*».

[31] Italo Insolera, *op. cit.*

siva soppressione dell'asse ecclesiastico, si suddivisero tutte le proprietà terriere gravitanti intorno al centro cittadino.

Questa condizione fece sì che, come più tardi lamentò Giolitti, non esistesse alcuna traccia di un demanio in grado di risolvere, da parte dello Stato, il problema del mercato fondiario e, conseguentemente, quello delle case per i ceti medio-bassi.

Il mercato dell'edilizia era invece manovrato da spregiudicati banchieri e investitori stranieri e non, i quali contemplavano solo ed esclusivamente i loro interessi, e si guardavano bene dal pensare alla qualità della vita dei nuovi abitanti della città, specie di quelli delle classi disagiate costrette a vivere in affitto[29]. Come abbiamo visto, l'espansione urbana che scaturì da questi fattori portò la città, in un breve lasso di tempo, a raddoppiare le sue dimensioni e abitanti, generando quegli effetti collaterali di cui si è parlato in precedenza.

Lo strumento urbanistico principale di questa operazione di sviluppo urbano fu quello della *convenzione*[30], criterio introdotto dall'astuto cardinale belga Francesco Saverio De Merode.

Questo strumento, non solo imponeva all'amministrazione cittadina le volontà del proprietario terriero, ma addirittura era in grado di fare di lui, in breve tempo, un milionario.

La ragione di questo secondo aspetto risiedeva nel fatto che l'amministrazione comunale, non essendo attrezzata come un'impresa edile, era costretta ad appaltare al "convenzionato" le opere di urbanizzazione che si era impegnata a eseguire in sede di convenzione.

Alla luce di quanto sopra, risulta facile comprendere il perché Giolitti, nel 1907, ebbe modo di fare la riflessione citata in prefazione: «*Se in principio, nel 1870, vi fosse stata un'Amministrazione comunale che, intuendo l'avvenire di Roma, avesse acquistato le aree fino a 5 o 6 km intorno alla città, ed avesse compilato un piano di ingrandimento, studiato con concetti molto elevati, oltre ad avere creato una città con linee molto più grandiose, avrebbe anche fatto un'eccellente speculazione*».

---

[29] Gli studi di Orano al Quartiere Testaccio di Roma ne sono una riprova, specie il citato, *Come vive il popolo a Roma*, Pescara 1909.

[30] Per precisare di ciò che si intende per "*convenzione*", cito la chiarissima spiegazione che ci dà Italo Insolera in *Roma – Immagini e realtà dal X al XX secolo*, Laterza Edizioni, Roma-Bari 1980, pag. 367: «*la convenzione è un contratto tra il proprietario di un terreno e il Comune. Il proprietario si impegna a cedere al Comune ad un prezzo modesto le superfici stradali (generalmente secondo un tracciato fatto dal proprietario stesso) quindi ridotte al minimo indispensabile per la sola circolazione* [questo commento è mio] *e raramente qualche area per i pubblici servizi (scuola, mercato, ecc.); il Comune si impegna a costruire le fogne, l'acquedotto, le condutture del gas, i marciapiedi, il selciato, la pubblica illuminazione, le fontanelle e i tombini per l'innaffiamento e si impegna alla manutenzione permanente di tutto ciò (oppure il Comune incarica, sempre a proprie spese – abbondantemente anticipate – lo stesso proprietario di realizzare queste opere). Il Comune infine autorizza la costruzione dei lotti risultanti dal tracciamento delle vie, secondo il progetto presentato dal proprietario, raramente con qualche modificazione*».

At the time, while in the North of Italy, and in the absence of specific regulations, the Cities had become promoters of public housing, providing areas and setting up property for public housing. In Rome and in the South of the Peninsula all that was far off in the future. The only attempts to improve something in Rome at the end of the nineteenth century were those of the mayor Luigi Pianciani[32]. He tried to turn the City into an active subject with an entrepreneurial spirit, because, as Insolera observed, «*in a city where the only industry is building, the administration's deficit, quite considerable at the time yet, can be eliminated through direct participation in that area of investment*»[33].

Unfortunately, and as often happens, the interests and power of the aristocracy and the Roman clergy were politically so influential that the problem could not be solved. So, with the exception of the Pianciani case, all that came out, was only the request for and attainment of a series of special Laws for Rome that led to the start of a long conflict between the National Government and the City, arousing the sharp, often justified opposition of the regionalist political groups of the rest of Italy.

During the legislatures of Benedetto Cairòli[34] and Agostino De Pretis[35], laws 209/1881 (14 May) and 167/1883 (8 July) were passed in hopes of offering economic assistance to the new Capital, which were limited to granting financing for public works: in actual fact, the result of these "charitable" norms was that a "building fever" broke out, and, due to the dizzying increase in the real estate market, city finances were brought to their knees. ... We are justified in wondering whether or not there were really good intentions behind those laws.

During the legislatures of Giolitti[36] however, the laws issued attempted to encroach on the mechanism of land rent[37].

---

[32] After 6 *"facenti funzioni"* (*having functions of mayor even if they were not*), Pianciani was the first mayor of the Rome that had been freed and annexed to the Italian Kingdom from November 1872 to July 1874. He was the Mayor when the engineer, Alessandro Viviani, presented the first Master Plan for Rome, dated 1873.

[33] Italo Insolera, *op. cit.*, p. 32.

[34] Benedetto Cairòli, (Pavia , 28 January 1825 - Capodimonte , 8 August 1889), an Italian statesman, was the Prime Minister of Italy in the periods 24 March 1878 - 19 December 1878 and 14 July 1879 - 29 May 1881 .

[35] Agostino Depretis (Mezzana Corti Bottarone (PV), 31 January 1813 – Stradella (PV) , 29 July 1887). He was the Prime Minister of Italy for nine terms in the periods: 25 March 1876 - 24 March 1878 ; 19 December 1878 - 14 July 1879 ; 29 May 1881 - 29 July 1887.

[36] Giovanni Giolitti (Mondovì, 27 October 1842 – Cavour, 17 July 1928). He was Prime Minister of Italy for 9 terms in the periods 15 May 1892 – 27 September 1892; 23 November 1892 – 15 December 1893; 3 November 1902 – 12 March 1905; 29 May 1906 – 8 February 1909; 24 March 1909 – 11 December 1909; 30 March 1911 – 29 September 1913; 27 November 1913 – 21 March 1914; 15 June 1920 – 7 April 1921; 11 June 1921 – 4 July 1921.

[37] For example, in 1911, on Nathan's recommendation, the Italian Parliament passed a law which levied a 3% tax on building areas; unfortunately, the attempt to enforce this tax failed when the landowners as a group refused to

La città sostenibile è possibile
Una strategia possibile per il rilancio della qualità urbana e delle economie locali
Ettore Maria Mazzola

La crescita demografica, il problema degli alloggi e la *"febbre edili-zia"* nella Roma dell'immediato periodo post-unitario sono da conside-rarsi un evento straordinario che non trova precedenti, né seguiti, nel-la sua storia millenaria: se si eccettuano infatti la presunta ricostruzio-ne che seguì l'invasione gallica del 390 a.C. e quella susseguente l'in-cendio neroniano del 64 d.C., per trovare situazioni speculative simili bisogna analizzare lo sviluppo di grandi capitali coloniali quali Algeri, Tunisi, New Delhi e Shangai dove, guarda il caso, le operazioni specu-lative erano gestite dagli stessi "gruppi" che operavano nella Roma po-st-unitaria[31].

In quel tempo, mentre nel Nord d'Italia, anche in assenza di una nor-mativa specifica, i Comuni si erano fatti promotori di edilizia popolare, for-nendo aree e costituendo un patrimonio edilizio pubblico, a Roma e nel Sud della Penisola tutto ciò era ancora lontano dal divenire. Gli unici tentativi per migliorare qualcosa nella Roma dell'ultimo scorcio del XIX secolo furo-no quelli del sindaco Luigi Pianciani[32], il quale tentò di rendere il Comune un soggetto attivo con spirito imprenditoriale poiché, come ha osservato In-solera, «*in una città che ha l'edilizia come sua unica attività industriale, il deficit dell'amministrazione, già allora cospicuo, può essere sanato proprio con una diret-ta partecipazione in tale ramo di investimenti*»[33].

Purtroppo, come spesso accade, gli interessi e il potere dell'aristocra-zia e del clero romano erano talmente influenti a livello politico da rendere impossibile la risoluzione del problema. Così, eccettuato il caso Pianciani, tutto ciò che ne scaturì, fu solo la richiesta e l'ottenimento di una serie di Leg-gi speciali per Roma che portarono ad aprire un lungo contenzioso tra Go-verno Statale e Comune, suscitando l'accesa opposizione, spesso giustifica-ta, dei gruppi politici regionalisti del resto d'Italia.

Durante le legislature di Benedetto Cairòli[34] e di Agostino De Pretis[35], vennero emanate le leggi 209/1881 (14 maggio) e 167/1883 (8 luglio) che, nel-la speranza di dare un aiuto economico alla nuova Capitale, si limitarono a concedere finanziamenti per la realizzazione di opere pubbliche: purtroppo

---

[31] Italo Insolera, *op. cit.*

[32] Dopo 6 *facenti funzioni*, Pianciani fu il primo Sindaco di Roma liberata e annessa al Regno d'Italia, dal novembre 1872 al luglio 1874. A lui l'ing. Alessandro Viviani consegnò il primo Piano Regolatore per Roma datato 1873.

[33] Italo Insolera, *op. cit.*, pag. 32.

[34] Benedetto Cairòli, (Pavia, 28 gennaio 1825 - Capodimonte, 8 agosto 1889), statista italiano, fu Presidente del Con-siglio dei Ministri Italiano nei periodi 24 marzo 1878 - 19 dicembre 1878 e 14 luglio 1879 - 29 maggio 1881.

[35] Agostino Depretis (Mezzana Corti Bottarone (PV), 31 gennaio 1813 – Stradella (PV), 29 luglio 1887). Fu Presi-dente del Consiglio dei Ministri italiano per nove mandati nei periodi: 25 marzo 1876 - 24 marzo 1878; 19 dicem-bre 1878 - 14 luglio 1879; 29 maggio 1881 - 29 luglio 1887.

To improve working-class living conditions for workers and immigrants still jobless, and to control speculation related to building, the law of 31 May 1903 nr 254 was passed. Called the *"Luzzatti Law"* it set up the ICP, or Public Housing Institute, for the first time in Italy. Luigi Luzzatti had drawn it up[38]. When the law was enacted, he said: «*It will be a good action and a good deal!*»

With this law, which came about thanks to the first progressivist post-unification government led by Giolitti, for the first time the State, no longer devoted exclusively to the interests of the aristocracy and the clergy, encouraged private subjects, such as banks, savings and loan associations, charitable institutions, public bodies and Towns to undertake the construction of public housing.

However, the above-mentioned law did not turn out to be sufficient to guarantee the building of low-cost housing because of the speculation going on in the real-estate market. … For further clarification, it should be brought the reader's attention to the fact that the lots – bought by De Merode and friends at prices unchanged since the seventeenth century – had increased in value 1000 % and, in some cases, had reached 10000 %.

To curb speculation in areas for building, which prevented the construction of public housing at reasonable costs, in 1907, when the first liberal-popular city council led by Ernesto Nathan took office [39], the decision was made to set up a widespread municipal domain, whose purpose was to calm the real-estate market and enhance subsidized public housing, granting adequate financial means to the ICP [40].

In the same period, a similar indication was proposed during the International Public-Housing Congress held in London in 1909: «[…] *since the area markets were the main reason for the crises of the cities, it is necessary for public bodies to purchase as many of these areas as possible for public use*».

In addition to the above it should be remembered that in the Socialist thought of Luigi Montemartini[41] on cooperation, fundamental to the politics

fill out the form. Cf. E. M. Mazzola – *Contro Storia dell'Architettura Moderna: Roma 1900-1940 – A Counter History of Modern Architecture: Rome 1900-1940*, Alinea Edizioni, Florence 2004.

[38] Luigi Luzzatti (Venice, 1841 – Rome, 1927). He was the Treasury Minister with Di Rudinì (from 1891 to 1892 and from 1896 to 1898), with Giolitti (from 1902 to 1905) and with Sonnino in 1906; the Minister of Agriculture, Industry and Trade, again with Sonnino (1909-1910) and, finally, Prime Minister of Italy from March 1910 to March of 1911.

[39] Ernesto Nathan was the first liberal Mayor elected by the popular block, and governed from November 1907 to December 1913.

[40] 50% of the building tax want to financing the ICP.

[41] Luigi Montemartini, (Montù Beccaria (PV), 6 March 1869 – Pavia, 5 February 1952) a Socialist politician who fought for the rights of farmers and the principles of cooperation.

[42] The Roman Institute for Public Housing.

però, nella realtà dei fatti, il risultato di queste norme "caritatevoli" fu l'esplosione della "febbre edilizia", e a causa del vorticoso aumento dei prezzi del mercato fondiario, la messa in ginocchio delle finanze comunali. … Siamo legittimati a chiederci se dietro quelle leggi ci fossero realmente degli intenti benefici.

Durante le legislature di Giolitti[36] invece, le norme emanate tentarono di intaccare – senza praticamente riuscirvi – il meccanismo della rendita fondiaria[37].

Per migliorare le condizioni di vita della classe operaia e degli immigrati ancora senza un lavoro, e per porre un freno ai fenomeni speculativi gravitanti intorno all'edilizia, venne emanata la Legge 31 maggio 1903 n°254, la cosiddetta *"Legge Luzzatti"* che istituì, per la prima volta in Italia, l'Istituto per le Case Popolari. Il suo ideatore, Luigi Luzzatti[38], al varo della stessa disse: «*Sarà un'opera buona e un buon affare!*».

Con questa legge, nata grazie al primo governo progressista post-unitario guidato da Giolitti, per la prima volta lo Stato, non più attento ai soli interessi dell'aristocrazia e del clero, incoraggiava soggetti privati, come gli istituti di credito, le casse di Risparmio, le opere pie, gli enti pubblici e i Comuni, alla costruzione di case popolari.

Tuttavia la summenzionata legge, a causa della speculazione in atto sul mercato fondiario, non risultava ancora sufficiente a garantire la costruzione di case a basso costo. … Per maggiore chiarezza si fa notare al lettore che i terreni – acquistati dal De Merode e compagni a prezzi di mercato fermi al XVII secolo – avevano registrato un incremento medio del loro valore pari al 1.000 % e, in taluni casi, avevano raggiunto il 10.000 %.

Per mettere un freno alla speculazione sulle aree edificabili che impediva la costruzione di case popolari a costi ragionevoli, nel 1907, con l'avvento della prima giunta comunale liberal-popolare guidata da Ernesto Nathan[39], si decise di costituire un ampio demanio municipale, con funzio-

---

[36] Giovanni Giolitti (Mondovì, 27 ottobre 1842 – Cavour, 17 luglio 1928). Fu Presidente del Consiglio dei Ministri Italiano per ben 9 mandati nei periodi 15 maggio 1892 – 27 settembre 1892; 23 novembre 1892 – 15 dicembre 1893; 3 novembre 1902 – 12 marzo 1905; 29 maggio 1906 –8 febbraio 1909; 24 marzo 1909 – 11 dicembre 1909; 30 marzo 1911 – 29 settembre 1913; 27 novembre 1913 – 21 marzo 1914; 15 giugno 1920 – 7 aprile 1921; 11 giugno 1921 – 4 luglio 1921.

[37] Per esempio, nel 1911, su suggerimento di Nathan, il Parlamento Italiano aveva approvato una legge che imponeva un'imposta del 3% sulle aree fabbricabili; purtroppo il tentativo di far rispettare quest'imposta fallì di fronte al rifiuto dei proprietari in blocco di compilare la denuncia. Cfr. E. M. Mazzola, *Contro Storia dell'Architettura Moderna: Roma 1900-1940 – A Counter History of Modern Architecture: Rome 1900-1940*, Alinea Edizioni, Firenze 2004.

[38] Luigi Luzzatti (Venezia, 1841 – Roma, 1927) Fu Ministro del Tesoro con Di Rudinì (dal 1891 al 1892 e dal 1896 al 1898), con Giolitti (dal 1902 al 1905) e con Sonnino nel 1906; Ministro dell'Agricoltura, Industria e Commercio ancora con Sonnino (1909-1910) e, infine, Presidente del Consiglio dei Ministri Italiano dal marzo 1910 al marzo dell'11.

[39] Ernesto Nathan fu il primo Sindaco liberale eletto dal blocco popolare, governò dal novembre del 1907 al dicembre del 1913.

of Nathan and the IRCP[42], the possible economic benefits for the entire society, which would come from emancipation of the public sector from private companies were considered. The need to set up a *"consumers party"* was perceived, one which would be capable of setting forth a proper policy for town government. This policy came to involve not only the lower classes but also the small and middle bourgeoisie. Based on this, the principle of strengthening the Roman building cooperatives was founded as the Testaccio district was being built. Many of these were set up by the workers from the district, themselves. They would then be in charge of building the places where they were to live, rather than having the job done by a large private company that had set aside a very large sum of money: The choice of the Socialist administration to assign projects to the cooperatives was aimed at demonstrating the real possibility of creating a production fabric that would be an alternative to private companies. In a political sense, it was also a message in response to disastrous economic and social effects of the massive building speculation that had been characteristic of the preceding clerical administrations[43].

Quite quickly, however, it became clear that the problem of housing was not just confined to the working class, but also the huge number of government employees, who had difficulty getting along because of high rental costs. On that subject it was said: «*in Rome, if the problem of employee housing is solved, the housing problem will be solved for all of the citizens*»[44]. On the heels of the Second World War, this sentence became the favourite slogan in Roman journalism when dealing with the housing crisis.

In post-war Rome, an internal flow of people worsened the housing problem starting in 1923. These people forced to leave entire central districts added to masses of immigrants coming from all over Italy.

This phenomenon was sparked by the liberalization of the rent system[45] and the start of Fascist demolitions: it is clear that the factor setting off these two phenomena was the interest of building speculators tied up with the decision-making bodies … and this was not even concealed, since it is pointed out several times in the journalistic reportage of the era that the freeze on rents is considered by builders and their "guardian angels" the main cause of the housing crisis on the political level.

In short, the *housing problem* at that time concerned a phenomenon whose consequences were almost impossible to measure. This phenomenon

---

[43] Simona Lunadei, *Testaccio: un quartiere popolare*, Franco Angeli, Milan 1992, p.83.

[44] Maggiorino Ferraris, *Il Rincaro delle pigioni and le case per gl'impiegati in Roma*, Nuova Antologia, Rome 1908, p. 18.

[45] Regio Decreto Legge (Royal Decree Law of) 7 January 1923, nr 8.

ne di calmiere del mercato fondiario e di potenziamento dell'edilizia pubblica sovvenzionata, dotando l'ICP di adeguati strumenti finanziari[40].

Nello stesso periodo, un'indicazione simile veniva proposta durante il Congresso Internazionale per l'Edilizia Pubblica tenutosi a Londra nel 1909: «[…] *essendo il mercato delle aree il motivo principale della crisi delle città, occorre acquistare il maggior numero possibile delle stesse da parte di enti pubblici al fine di destinarle ad uso collettivo*».

In aggiunta a quanto sopra si deve ricordare come, nel pensiero socialista di Luigi Montemartini[41] sulla cooperazione, fondamentale nella politica di Nathan e dell'IRCP[42], si consideravano i possibili benefici economici per l'intera società derivanti dall'emancipazione del settore pubblico dalle imprese private. In essa si vedeva la necessità della creazione di un *"partito dei consumatori"*, in grado di impostare una corretta politica di governo urbano. Politica che veniva a coinvolgere non solo i ceti popolari ma anche la piccola e media borghesia. Su queste basi, all'epoca della costruzione del quartiere Testaccio, si fondò il principio di rafforzare le cooperative edili romane – una buona parte delle quali si era formata proprio tra gli stessi lavoratori del quartiere – e di affidare loro la costruzione dei luoghi dove avrebbero dovuto vivere, piuttosto che affidarsi ad una importante impresa privata che aveva anche messo a disposizione una cospicua somma di denaro: la scelta dell'amministrazione socialista di affidarsi alle cooperative, intendeva dimostrare la possibilità concreta di creare, anche a Roma, un tessuto produttivo alternativo alle imprese private. Politicamente questo era anche un messaggio in risposta ai disastrosi effetti economici e sociali dovuti alla massiccia speculazione edilizia che aveva caratterizzato le precedenti amministrazioni clericali[43].

Ben presto però, ci si rese conto che il problema delle case non era solo un qualcosa ristretto alla classe operaia e agli immigrati, bensì riguardava soprattutto il vastissimo numero di impiegati dello Stato che, a causa del costo degli affitti, stentavano ad andare avanti. A tal proposito fu detto: «*a Roma risolvendo il problema degli alloggi degli impiegati si risolve il problema degli alloggi dell'intera cittadinanza*»[44]. Questa frase, all'indomani della Grande Guerra, divenne lo slogan della pubblicistica romana circa la crisi edilizia.

[40] Il 50% dell'imposta di fabbricazione andava a finanziare l'ICP.
[41] Luigi Montemartini, (Montù Beccaria (PV), 6 marzo 1869 – Pavia, 5 febbraio 1952) politico socialista che si batté per i diritti dei contadini e per l'affermazione dei principi della cooperazione.
[42] Istituto Romano per le Case Popolari.
[43] Simona Lunadei, Testaccio: un quartiere popolare, Franco Angeli, Milano 1992, pag.83.
[44] Maggiorino Ferraris, *Il Rincaro delle pigioni e le case per gl'impiegati in Roma*, Nuova Antologia, Roma 1908, pag. 18.

finds no comparisons in the most recent history of town planning … although many people, among politicians, builders and "town-planners" as well as "architects" of the second half of the nineteenth century have attempted to demonstrate the opposite in order to justify the programmed devastation of the territory surrounding the city, as well as the giving birth to monstrosities such as the *"Corviale"*, *"Ponti"*, *"Vigne Nuove"* of Rome, the *"Gallaratese"* area of Milan, the *"Zen"* of Palermo, the *"Vele"* of Naples, and whatever!

Differently from the above-mentioned examples of ugliness, and which would require formal apologies rather than justifications, in Italy of the first twenty five years of the twentieth century, it was possible to proceed rapidly with new housing, with total respect for the dignity of the residents and the aesthetic and urban quality of the city, despite the impelling need.

If that was possible, as it was said several times, it is due to the growing interest in town-planning of Giovannoni and his companions of the *Associazione Artistica fra i Cultori dell'Architettura* [trans. nt.: Artistic Association for the Connoisseurs of Architecture] and, above all, philanthropic and sociologically informed individuals cultivated by people like Giolitti, Luzzatti, Nathan, Montemartini, Orano, Magni, Pirani, etc. Such people were attentive to the economic and social problems of all citizens without any dis-

Roma, Quartiere Vigne Nuove
Roma, the Quarter of Vigne Nuove

Nella Roma del periodo post bellico, a peggiorare il problema degli alloggi causato dall'inurbamento delle masse di immigrati provenienti da tutta Italia, a partire dal 1923, si aggiunse il flusso migratorio interno dovuto all'allontanamento coatto dei residenti di interi quartieri centrali.

Questo fenomeno fu generato dalla liberalizzazione del regime degli affitti[45] e dall'avvio degli sventramenti fascisti: è evidente che il fattore scatenante di questi due fenomeni sia stato l'interesse degli speculatori edili legati agli organi decisionali ... peraltro nemmeno celato, dato che nelle cronache giornalistiche dell'epoca più volte si segnala come il blocco degli affitti venga ritenuto, da parte dei costruttori e dei loro "geni tutelari" a livello politico, il responsabile principale della crisi edilizia.

Per farla breve, il *problema casa* a quell'epoca riguardava un fenomeno la cui portata risulta quasi impossibile dall'essere misurata. Questo fenomeno non trova paragoni nella storia urbanistica più recente ... benché molti tra i politici, i costruttori, gli "urbanisti" e gli "architetti" della seconda metà del secolo scorso abbiano provato a dimostrare il contrario, al fine di giustificare la devastazione programmata del territorio circostante le città, e il concepimento di mostruosità come il Corviale, i Ponti, Vigne Nuove, ecc. di Roma, il Gallaratese di Milano, lo Zen di Palermo, le Vele di Napoli, e chi più ne ha più ne metta!

Roma, Quartiere Corviale
Roma, the Quarter of Corviale

[45] Regio Decreto Legge 7 gennaio 1923, n°8.

The sustainable city is possible
A possible strategy for recovering urban quality and local economies
Ettore Maria Mazzola

tinction as to class, and their interest led to the devising of targeted and intelligent laws which, at least until the Fascist dictatorship and speculation interests took over, succeeded in achieving its purpose.

Even a rapid analysis of that building quickly shows the quality on a high level, simple but at the same time noble, whose character is due to its craftsman-like nature, made possible thanks to norms that enabled keeping craftspeople and a local building industry alive.

Most of the legislation that we referred to is concentrated in the early post-war period when, due to the war itself, the development of tertiary activities and the enormous number of government employees in need of respectable housing, laws offering noteworthy financial benefits to provide incentives for building housing were devised and/or modified. They were not only for less wealthy people but also for middle-class employees[46].

In 1919, with the D.L. [Decree Law] of 23 March nr 455 for example, the Consolidation Act on Economical and Public Building of 1908 was modified[47.] The new decree took into account the suggestions that came out of the *Meeting of the Public-Housing Institutes of Italy* held at the end of 1918 in Rome, provided for financing and tax benefits as well as – and this was something totally new – the possibility of granting mortgages to building cooperatives. Among the main points in this decree law, should be mentioned the appropriation of a yearly fund for the government contribution to the payment of interest on mortgages[48], enhancement of the functions of the Institutes for Public Housing, financing for cooperatives that built houses for undivided and unsellable properties, strengthening of the powers of Cities to acquire property by eminent domain which, however, were obliged to perform the construction of primary town-planning works, transformation of the functions of the National Building Union, modification of the bodies and committees for supervision of building policy[49], the reduction of business taxes and, under certain conditions, the possibility for public or low-cost housing to be exempt of the income tax as well as the Provincial and Town surtaxes for fifteen years, while, for the subsequent five years, the tax pressure was cut to a half.

---

[46] For a complete and extremely detailed complete history of those events, it is recommended the book by Francesco Bartolini, *Roma Borghese – La casa e i ceti medi tra le due guerre.* Giuseppe Laterza and figli Spa, Rome-Bari 2001.

[47] R.D.L. 27 February 1908, nr 89.

[48] The ceiling for mortgages was set within 75% of the building cost.

[49] The Central Commission for Public Housing and the Building Industry, the Provincial and City Committees for Public Housing and the Building Industry.

La città sostenibile è possibile
Una strategia possibile per il rilancio della qualità urbana e delle economie locali
Ettore Maria Mazzola

Diversamente dalle summenzionate brutture, le quali richiederebbero scuse formali piuttosto che giustificazioni, nell'Italia del primo venticinquennio del XX secolo, nonostante il reale bisogno impellente di provvedere alla costruzione di nuovi alloggi, fu possibile procedere celermente alla loro costruzione, nel rispetto della dignità dei residenti e della qualità estetico-urbana della città.

Se ciò fu possibile, come sin qui più volte ribadito, lo si deve al crescente interesse per gli studi urbanistici di Giovannoni e dei suoi compagni dell'*Associazione Artistica fra i Cultori dell'Architettura,* e soprattutto all'interesse per gli studi filantropico-sociologici coltivato da persone come Giolitti, Luzzatti, Nathan, Montemartini, Orano, Magni, Pirani, ecc. – attente ai problemi economici e sociali di tutti i cittadini senza distinzioni di classe – interesse che portò al concepimento di leggi mirate e intelligenti che, almeno fino a quando la dittatura fascista e gli interessi speculativi non ebbero il sopravvento, riuscirono nel loro intento.

Un'analisi anche sommaria di quell'edilizia ci svela senza indugio che il suo livello qualitativo, semplice ma al tempo stesso nobile, si deve in buona parte al suo carattere artigianale, reso possibile dall'esistenza di norme che consentivano il mantenimento in vita dell'artigianato e dell'industria edilizia locale.

La maggior parte della legislazione di cui si fa menzione è concentrata nell'immediato primo dopoguerra, quando proprio a causa dell'evento bellico, dello sviluppo delle attività terziarie e dell'enorme numero di dipendenti statali bisognosi di un alloggio dignitoso, vennero concepite e/o modificate delle norme che davano notevoli facilitazioni economiche per incentivare la costruzione di case, non solo per i meno abbienti, ma soprattutto per il ceto medio impiegatizio[46].

Nel 1919, con il D.L. del 23 marzo n°455 per esempio, venne modificato il Testo Unico sull'Edilizia Economica e Popolare[47] del 1908. Il nuovo decreto, raccogliendo i suggerimenti scaturiti dal *Convegno fra gli Istituti per la Case Popolari ed Economiche d'Italia* tenutosi alla fine del 1918 a Roma, prevedeva finanziamenti e agevolazioni fiscali e, novità assoluta, dava la possibilità di estendere mutui a favore delle cooperative edilizie. Tra i principali punti di questo decreto vanno segnalati lo stanziamento di un fondo annuo per il contributo statale al pagamento degli interessi sui mutui[48], l'arricchi-

---

[46] Per una storia completa e dettagliatissima di quegli eventi, consiglio la lettura del libro di Francesco Bartolini, *Roma Borghese – La casa e i ceti medi tra le due guerre.* Giuseppe Laterza e figli Spa, Roma-Bari 2001.
[47] R.D.L. 27 febbraio 1908, n°89.
[48] Il tetto dei mutui era fissato entro il 75% del costo di costruzione.

Later, to clarify what this law applied to, on 15 June 1919 Decreto Legge [Decree Law] nr 857 which, basically, described how the houses were to be built and established their dimensions in order to be eligible for the benefits set forth in the preceding Decree.

Immediately afterwards, in D.L. nr 1040 of 19 June 1919, and R.D.L. [Royal Decree Law] nr 16 of 8 January 1920 supplemented the preceding provisions, and introduced an extremely important point to provide incentives for building, *«the Cooperative Societies of government employees, salaried workers and retired people, disabled or invalid servicemen»* were included in the list of bodies authorized to receive loans for the building of public and economical housing and the Savings and Loan Associations guaranteed them mortgages that provided for a government contribution to the payment of interest: the construction of private-property buildings was then aided by public money!

Despite all the benefits described above, there was a certain reticence on the part of banks to grant the requested loans due to the increase in building costs, as a result of higher transportation costs; to remedy these problems, at the request of the City of Rome, a new decree, R.D.L. nr 2318 of 30 November 1919 was passed, in which the state of emergency of the city was recognized, specific financing was assigned and the *Central Building Committee was set up to manage it*.[50] It was also in charge of allocating the sums advanced and determining the constructions to be carried out. The most important note in this decree is that the possibility of taking out mortgages for as much as 100% of the building cost was allowed, including the price of the areas, for cases in which the government contribution to the payment of interest were granted[51]; this applied both to public housing and private government employee dwellings, the only obligation concerned the period within which the dwellings had to be completed (four and a half years), with a further contribution for anyone who completed the building within three years.

Thanks to this new law building activity rose considerably and, in addition, the City became the promoter of ideas to submit to the *Comitato*. Among many, one proposal in particular should be recalled: the approval

[50] The Minister of Industry, Trade and Labour chaired it, and it was made up of representatives from the ministries, the City, the Savings and Loan Bank, the National Building Union, the Institute of Public Housing, the Cooperative Institute for government employee housing as well as a group of consultants.
[51] The government contribution was set at 3% and *«paid at a constant rate for the entire period of redemption of the mortgage»*. After 1922 (the coming of Fascism) it was reduced to 2% and, in May 1923 it was eliminated.
[52] The idea brought together the suggestions from the *Artistic Association for the Connoisseurs of Architecture*.

mento delle funzioni degli Istituti per le Case Popolari, il finanziamento per le cooperative che costruivano case a proprietà indivisa e inalienabile, il rafforzamento dei poteri di esproprio dei Comuni che però venivano obbligati alla costruzione delle opere di urbanizzazione primaria, la trasformazione delle funzioni dell'Unione Edilizia Nazionale, la modifica degli organismi e dei comitati per il controllo della politica edilizia[49], la riduzione delle tasse sugli affari e la possibilità, nel rispetto di alcune condizioni, per le case popolari o economiche, di godere dell'esenzione dell'imposta erariale e delle sovrimposte provinciali e comunali per quindici anni, mentre per i successivi cinque la pressione fiscale risultava dimezzata.

Successivamente, per fare chiarezza sull'applicabilità di questa norma, il 15 giugno del 1919 venne emanato il Decreto Legge n°857 che, sostanzialmente, descriveva come dovessero essere costruite e dimensionate le case per poter essere riconosciute suscettibili dei benefici di cui al precedente Decreto.

Immediatamente dopo, con il D.L. n°1040 del 19 giugno 1919, e con il R.D.L. n°16 dell'8 gennaio 1920, oltre al perfezionamento dei provvedimenti precedenti, si introdusse un elemento importantissimo per incentivare le costruzioni, «*le Società cooperative fra impiegati, salariati e pensionati dello Stato, mutilati o invalidi di guerra*» venivano inserite nell'elenco degli organismi autorizzati a ricevere prestiti per la costruzione di case popolari ed economiche, e la Cassa Depositi e Prestiti garantiva loro mutui che prevedevano il contributo statale al pagamento degli interessi: la costruzione di edifici di proprietà privata veniva dunque agevolata con denaro pubblico!

Malgrado tutte le agevolazioni di cui sopra, a causa dell'aumento dei costi di costruzione dovuto a quello dei trasporti, si registrò una certa reticenza da parte degli istituti di credito al rilascio dei prestiti richiesti; per ovviare a queste problematiche, su richiesta del Comune di Roma, venne emanato un nuovo decreto, il R.D.L. n°2318 del 30 novembre 1919, con cui veniva riconosciuto lo stato d'emergenza della città e venivano assegnati finanziamenti specifici, per gestire i quali venne istituito il *Comitato Centrale Edilizio*[50], responsabile anche di ripartire le anticipazioni e determinare i criteri per le costruzioni da realizzare. La nota più importante di questo decreto è che veniva consentita la possibilità di stipulare mutui fino all'ammontare

---

[49] La Commissione Centrale per le Case Popolari e per l'Industria Edilizia, i Comitati Provinciali e i Comitati Comunali per le Case Popolari e l'Industria Edilizia.

[50] Presieduto dal Ministro dell'Industria, Commercio e Lavoro ed era costituito dai rappresentanti ministeriali, del Comune, della Cassa Depositi e Prestiti, dell'Unione Edilizia Nazionale, dell'Istituto Case Popolari, dell'Istituto Cooperativo per le Case degli Impiegati dello Stato e da un gruppo di consulenti.

of temporary regulations allowing the construction of *palazzine* [*small blocks of flats*] instead of the *villini* [smaller houses] provided for in the Plan of 1909[52].

The underlying idea behind this proposal was clearly of a speculative nature, that is, more concentrated use of the area to be built on without, however, sacrificing green areas, light, air circulation and appearance.

The most interesting aspect of this regulation is recognition of the fact that thanks to the compacting of the construction resulting from this more "intensive" typology, there is a «*reduction of costs to the City for public services*», which is one of the war horses of the theory[53] behind this text.

At this point in the "history", in order to prevent recurrence of unseemly situations that end up nullifying useful laws, there is a strong need to tell how, as often happens when one is face to face with the greediness of a few politicians and bureaucrats, the building machinery broke down when it "was realized" that the Government-employee Cooperatives in Rome, thanks the assistance from conniving politicians, were throwing their weight about in the allocation of financing, seriously penalizing the other Italian regions.

To remedy this imbalance, on 8 November 1921 a new decree was passed, R.D. nr 1636, a law which determined the criteria for allocation of the fund on a mathematical basis, setting down in a distribution table the quotas for each region in relation, as well, to the preceding allocations.

Alongside the aforementioned history of the laws, as it was observed, it turns out to be extremely interesting to discover the history of the personalities and tools that were involved in the Roman experience. Among those, the adventure of the *National Building Union* spoken of early is quite interesting. That body came to play a crucial role in the history of the development of pre-Fascist Rome and that of many Italian cities involved in works of reconstruction after the catastrophic earthquakes of the beginning of the century or the First World War.

The *Unione* had begun to operate in Rome in the early post-war period for the purpose of solving the housing crisis. It had been created in 1917 (D.L. 4 Feb-

---

[53] E. M. Mazzola – *Architettura e Urbanistica, Istruzioni per l'uso – Architecture and Town Planning, Operating Instructions*, Gangemi Edizioni, Rome 2006; E. M. Mazzola – *Verso un'Architettura Sostenibile – Toward Sustainable Architecture* Gangemi Edizioni, Rome 2007.

[54] The *Unione Messinese* was a Body set up in 1910 (Law nr 466 of 10 July 1910) to provide for the reconstruction of Messina, which had been destroyed in the 1908 earthquake. Starting in 1914 the Union changed its name and became *Unione Edilizia Messinese [the Messina Building Union]*, and was assigned new duties no longer limited to reconstruction work, but to construction of Public and low-cost Housing for Messina government employees (D.L. 18 June 1914, nr 700) and to perform works commissioned by the State and the local administrations of the regions stricken by the earthquake.

[55] R.D.L. 16 November 1918, nr 1723, art. 33.

La città sostenibile è possibile
Una strategia possibile per il rilancio della qualità urbana e delle economie locali
Ettore Maria Mazzola

del 100% del costo di costruzione, incluso il prezzo delle aree, per i casi in cui fosse concesso il contributo statale al pagamento degli interessi[51]; questo valeva sia per le case popolari che per le case private degli impiegati dello Stato, l'unico vincolo era costituito dalla data massima entro cui gli alloggi dovevano essere ultimati (quattro anni e mezzo), con un ulteriore contributo per chi li avesse ultimati entro tre.

Grazie a questa nuova norma si verificò un notevole risveglio dell'attività edilizia e, in aggiunta a questo, il Comune si rese promotore di idee da sottoporre al *Comitato*.

Tra le tante, una proposta risulta utile ricordare: l'approvazione di norme transitorie che consentivano di costruire palazzine in luogo dei villini previsti dal Piano del 1909[52].

L'idea di fondo di questa proposta era chiaramente speculativa, ovvero il maggiore sfruttamento dell'area fabbricabile – senza comunque rinunciare al verde, all'illuminazione, all'aerazione e al decoro.

L'aspetto più interessante di questa norma è però il riconoscimento del fatto che, grazie al compattamento dell'edificato dato da questa tipologia più "intensiva", si venga ad avere una «*riduzione dei costi per i servizi pubblici a carico del Comune*». Ovvero uno dei cavalli di battaglia della teoria alla base di questo testo[53].

A questo punto della "storia", al fine di prevenire il ripetersi di situazioni disdicevoli che finiscono con l'inficiare i benefici di norme utili, urge raccontare che, come spesso accade quando si ha a che fare con l'ingordigia di alcuni politici e burocrati, la macchina edilizia si inceppò quando ci si "accorse" che le cooperative di Impiegati dello Stato di Roma, grazie all'aiuto dei politici conniventi, la facevano da padrone nella spartizione dei finanziamenti penalizzando gravemente le altre regioni italiane.

Per porre rimedio a questa sperequazione, l'8 novembre 1921 venne emanato un nuovo decreto, il R.D. n°1636, norma che, su basi aritmetiche, determinava i criteri di assegnazione dei fondi, fissando in una tabella di perequazione i contingenti destinati per ogni regione in relazione anche alle precedenti erogazioni.

In parallelo con la storia delle norme di cui sopra, come si è accennato, risulta estremamente interessante conoscere anche quella delle figure e de-

---

[51] Il contributo dello Stato era fissato al 3% e «*corrisposto in misura costante per tutto il periodo di ammortamento del mutuo*». Dopo il 1922 (avvento del Fascismo) venne ridotto al 2% e, nel maggio del '23 venne infine soppresso.
[52] L'idea sposava i suggerimenti dell'Associazione Artistica fra i cultori di Architettura.
[53] *Architettura e Urbanistica, Istruzioni per l'uso – Architecture and Town Planning, Operating Instructions*, Gangemi Edizioni, Roma 2006; *Verso un'urbanistica sostenibile – Toward Sustainable Town Planning* Gangemi Edizioni, Roma 2007.

ruary 1917 nr 151) from the transformation of the *Unione Edilizia Messinese*[54] [Messina Building Union] due to the need to provide for reconstruction of the cities of Marsica struck by the earthquake of 1915. At the end of the war, the Union consolidated its physiognomy thanks to involvement in the reconstruction of the cities and towns damaged by the conflict[55].

Basically, this "Body" *built on behalf of owners harmed, taking their place in the rights to government funds granted through privileges accorded to corporations or workers' cooperatives. When the private individuals were unwilling to pay that portion of the expenses owing to them, the Union was authorized to accept the granting of the rights to a mortgage in exchange for partnership shares of the same value*[56].

When it became involved in the development of Rome then, the *Union* had already gained considerable experience in the building sector, and performed an unusual activity which its chairman Cesare Cagli called «*one of the most progressive experiences of an intermediary Body*». It indeed served public interests through the rigorous application of market laws.

At the end of 1920 the *Union* was made up of: the Rome Head Office, the Messina Head Office, the Messina Provincial Office, the Reggio Calabria Office, the Office of Sora, the Office of S. Sofia di Romagna, the Office of Monteleone, the Office of Massa, the Office of Avezzano, the Rome Company and that of Città Giardino Aniene, while its activity was coordinated by a board of directors consisting of representatives from the Ministries of the Interior, Treasury, Public Works, Industry, Trade and Labour, one representative from the Savings and Loan Bank and the Chairman of the Union itself. At that time, it could declare the possession of «*its own equipment and personnel, without special allocations or ones from the State budget*» and carry out «*complete building programs from designing to the managing and supervision of the works, carried out by the work or workers' cooperatives and special jobbers recruited through subcontracts on job by job basis*»[57].

To operate that way, in October 1919 the Body signed a contract of association with the National Federation of Manufacturing and Labour Cooperatives to perform the works on the sites. Direction of building was under a central Technical Office whose head was from the Office of Civil Engineers, who was subsequently joined by a technical and artistic committee in which there were personalities such as Gustavo Giovannoni, Giovanbattista Milani, Manfredo Manfredi, Marcello Piacentini, Cesare Bazzani and Arnaldo Foschini[58].

[56] Francesco Bartolini, *Roma Borghese*, op. cit.

[57] See L'Unione Edilizia Nazionale, *L'Opera dell'Istituto*, p. 16.

[58] Francesco Bartolini, *Roma Borghese*, op. cit.

gli strumenti che parteciparono alla vicenda romana. Tra le tante risulta interessante la vicenda dell'*Unione Edilizia Nazionale* di cui si è detto in precedenza. Essa venne infatti a svolgere un ruolo cruciale nella storia dello sviluppo della Roma pre-fascista, così come in quello di molte città italiane, interessate dalle opere di ricostruzione susseguenti i catastrofici terremoti di inizio secolo o la grande guerra.

L'*Unione* aveva iniziato la sua attività a Roma nell'immediato dopoguerra allo scopo di risolvere la crisi degli alloggi. Essa era nata nel 1917 (D.L. 4 febbraio 1917 n°151) dalla trasformazione dell'*Unione Edilizia Messinese*[54], a seguito della necessità di provvedere alla ricostruzione delle città della Marsica colpite dal sisma del 1915. Al termine della guerra l'Unione venne a consolidare la sua fisionomia grazie al coinvolgimento nella ricostruzione dei centri urbani danneggiati dal conflitto[55].

Sostanzialmente questo "Ente" *costruiva per conto dei proprietari danneggiati, sostituendosi nei loro diritti sui fondi dello Stato concessi attraverso i privilegi accordati alle società anonime o alle cooperative di lavoratori. Qualora i privati non avessero voluto pagare le quote di spesa a loro carico, l'Unione era autorizzata ad accettare la cessione dei diritti a mutuo in cambio di carature dello stesso valore*[56].

Al momento del suo coinvolgimento nello sviluppo di Roma dunque, l'Unione vantava già una notevole esperienza nel settore edilizio, e svolgeva un'attività inusuale definita dal suo direttore Cesare Cagli come «*uno dei più progrediti esperimenti di Ente intermedio*». Essa infatti perseguiva interessi pubblici attraverso l'applicazione rigorosa delle leggi di mercato.

Alla fine del 1920 l'*Unione* era composta da: Sede Generale di Roma, Sede di Messina, Ufficio Provinciale di Messina, Ufficio di Reggio Calabria, Ufficio di Sora, Ufficio di S. Sofia di Romagna, Ufficio di Monteleone, Ufficio di Massa, Ufficio di Avezzano, Azienda di Roma e Azienda Città Giardino Aniene, mentre la sua attività era coordinata da un consiglio di amministrazione costituito da rappresentanti dei Ministeri dell'Interno, Tesoro, Lavori Pubblici, Industria Commercio e Lavoro, un rappresentante della Cassa Depositi e Prestiti, e dal Direttore dell'Unione stessa. A quell'epoca poteva dichiarare il possesso di «*mezzi e personali propri, senza assegnazioni specia-*

---

[54] L'*Unione Messinese* era un Ente creato nel 1910 (Legge n°466 del 10 luglio 1910) per provvedere alla ricostruzione di Messina distrutta dal terremoto del 1908. A partire dal 1914 l'Unione cambia denominazione e diviene *Unione Edilizia Messinese*, ricevendo nuovi compiti non più limitati alle opere di ricostruzione, bensì di costruzione di case popolari, economiche e per gli impiegati dello Stato di Messina (D.L. 18 giugno 1914, n°700) ed esecutore di opere commissionate dallo Stato e dalle amministrazioni locali delle regioni colpite dal terremoto.

[55] R.D.L. 16 novembre 1918, n°1723, art. 33.

[56] Francesco Bartolini, Roma Borghese, op. cit.

Thanks to the previously-cited laws, and thanks to its name, the *Union* came to be involved in the building process in order to make up for shortcomings in the Public-Housing Institute and local administrations, which could not resume construction work in the Country. In the spirit of the law, this was considered the «*intermediate public body, the "long hand" of the Government, which was to regulate and complement the action of the cooperatives and replace them, coordinating the scattered and fragmentary initiatives in a rational program, in agreement with the City and the other Bodies. The Central Building Committee was the intermediary*»[59]. On that subject it is well to recall the description of the meaning of this Body, expressed in 1921 by the Socialist Giuseppe Emanuele Modigliani, defending himself from the political attacks orchestrated by the System of Speculators: «*an Institute which has been set up on purpose to integrate the efforts of the cooperatives, hence to counterbalance private speculation*»[60].

In the long run, however, as it was said earlier, the speculation interests abetted by the coming of Fascism prevailed, and the *Union* was liquidated and dissolved[61].

In any case, it is interesting to note that right after the elimination of public financing of the cooperatives by the Fascist government, it soon became clear that that operation had seriously slowed down the building efforts of the cooperatives, and, because of the liberalization of the rental market, the housing problem once again became serious.

On that subject, and in relation to the title of this Chapter, we consider it necessary to recall the thought of the *National Federation of Cooperatives for Economical and Public Housing* and that of the Director Cagli during the "*conflict over free housing*" which led to liquidation of the National Building Union.

While recognizing the legitimacy of control by public opinion over the activity of subsidized construction, the Federation again pointed out the usefulness of «*pure cooperation*» since «*in the present building crisis and alteration of prices (land, materials, labour) building cannot be resumed without State aid*»[62].

In his own defence and in that of the law concerning "*urgent provisions for Rome*" Cagli recalled that they had been created due to the «*need to launch a certain number of dwellings on the market*», to «*give a boost to building*» and «*of-*

[59] See L'Unione Edilizia Nazionale, *L'Opera dell'Istituto*, op. cit. p. 115.

[60] Chamber of Deputies Archives, *Discussioni*, 1° sessione, 1° tornata del 4 August 1921, p. 1247.

[61] R.D.L. 24 September 1923, nr 2022.

[62] See F. Bartolini, *Roma Borghese*, op. cit. and *Il Messaggero*, 29 June 1922.

[63] See F. Bartolini, *Roma Borghese*, op. cit. and *Il Giornale d'Italia*, 2 July 1922.

La città sostenibile è possibile
Una strategia possibile per il rilancio della qualità urbana e delle economie locali
Ettore Maria Mazzola

li o concorsi sul bilancio dello Stato» e di realizzare *«programmi edilizi completi dalla progettazione alla direzione e sorveglianza dei lavori, eseguiti per mezzo di cooperative di lavoro o di operai e cottimisti specializzati reclutati attraverso appalti in economia»*[57].

Per operare in tal modo, nell'ottobre del 1919 l'Ente stipulò un contratto di associazione con la Federazione Nazionale delle Cooperative di Produzione e Lavoro per l'esecuzione dei lavori nei cantieri. La direzione dell'attività edilizia venne affidata ad un Ufficio Tecnico centrale, diretto da un responsabile del Genio Civile, cui venne successivamente affiancato un comitato tecnico-artistico che annoverava personaggi come Gustavo Giovannoni, Giovanbattista Milani, Manfredo Manfredi, Marcello Piacentini, Cesare Bazzani e Arnaldo Foschini[58].

Grazie alle norme precedentemente citate, e grazie al suo blasone, l'Unione venne ad essere coinvolta nel processo edilizio al fine di sopperire alle carenze degli Istituti per le Case Popolari e delle amministrazioni locali, incapaci di riavviare rapidamente le costruzioni nel Paese. Essa, nello spirito della legge, venne considerata come *«l'organo pubblico intermedio, la longa manus del Governo, che doveva regolare ed integrare l'azione delle cooperative e ad esse sostituirsi, coordinando in un programma razionale le iniziative frammentarie e sparse, di intesa col Comune e cogli altri Enti pel tramite del Comitato Centrale Edilizio»*[59]. A tal proposito, è utile rammentare la descrizione del senso di questo Ente, pronunciata nel 1921 dal socialista Giuseppe Emanuele Modigliani, a sua difesa dagli attacchi politici orchestrati dal sistema speculativo: *«un Istituto che è fatto appositamente per integrare gli sforzi delle cooperative, quindi per controbilanciare la privata speculazione»*[60].

Alla lunga però, come si è detto, gli interessi speculativi aiutati dall'avvento del Fascismo ebbero il sopravvento, e l'Unione venne messa in liquidazione e sciolta[61].

Risulta interessante in ogni modo rilevare come, all'indomani della soppressione del finanziamento pubblico alle cooperative operato dal governo Fascista, ben presto ci si rese conto che quell'operazione aveva rallentato gravemente le costruzioni delle cooperative e, a causa della liberalizzazione del mercato degli affitti, il problema degli alloggi si era riacutizzato.

---

[57] Cfr. L'Unione Edilizia Nazionale, *L'Opera dell'Istituto*, pag. 16.
[58] Francesco Bartolini, Roma Borghese, op. cit.
[59] Cfr. L'Unione Edilizia Nazionale, *L'Opera dell'Istituto*, op. cit. pag. 115.
[60] Archivio della Camera dei Deputati, *Discussioni*, 1° sessione, 1° tornata del 4 agosto 1921, pag. 1247.
[61] R.D.L. 24 settembre 1923, n°2022.

fer work to the unemployed and workers», in short, the law would, all-in-all, obtain good results, contributing to «*re-establishing a social and economic balance*» and setting up «*a substantial amount of real estate that would be taxable sooner than what had been anticipated*»[63].

Basically these laws were supposed to, and should function like the *Frumentationes* that took place in the *Porticus Minucia* of Ancient Rome to control the price of bread and flour in periods of considerable speculation.

The Fascist government subsequently promoted new initiatives which, unfortunately, aimed at benefitting only a few categories of people, Rome and Lombardy only, but which came into conflict with other laws that had previously been passed pertaining to the elimination of government contributions to the cooperatives.

In 1924, the Fascist government created INCIS, to deal with the problem of housing for government workers[64] [Istituto per le Case degli Impiegati Statali (Institute for Government-employee Housing)] and, subsequently, began definitively to abandon the idea of State support for State employees and retired persons, especially those who «*had among their members people who opposed the Fascist Regime*»[65]. Once again, this caused Italy to plunge into another housing crisis, all to the advantage of the building speculators.

To have an idea of the degree to which the laws mentioned can influence the building business, suffice it to look at the behaviour of the *Società Generale Immobiliare*[66], which coincided with the passing of the laws. As Francesco Bartolini observes in his book referred to several times, *Roma Borghese*, «*Since the building of dwellings seems less lucrative for private builders after the inauguration of the new system of subsidies for public institutes and cooperatives, the "Società" returned to concentrating on buying and selling apartment buildings*» then changed strategy after the 1923 laws were passed: in consideration of the fact that these laws liberalized the system of rents[67], they granted private builders a twenty-five year exemption from the property tax[68] and abolished the tax on areas for building[69], The *Società Generale Immobiliare* went back to investing in building initiatives with plans for land apportionment and construction of dwellings in suburbs.

[64] R.D.L. 7 October 1924, nr 1944.

[65] See F. Bartolini, *Roma Borghese*, op. cit. and R.D.L. 9 May 1926, nr 877.

[66] The *Società Generale Immobiliare* was founded in Turin in 1862 and in 1880 moved its headquarters to Rome to take part in the business of building in the new capital. First, it was active in the land and building market, then, from just after the war it also began to deal with public works and the construction of dwellings.

[67] R.D.L. 7 January 1923, nr 8.

[68] R.D.L. 8 March 1923, nr 695.

[69] R.D.L. 18 November 1923, nr 2538.

A tal proposito, e in relazione al titolo di questo capitolo, si ritiene necessario riportare sia il pensiero della *Federazione Nazionale della Cooperative per la Case Popolari ed Economiche* che quello del Direttore Cagli in occasione della *"polemica sulle case gratis"* che portò alla liquidazione dell'Unione Edilizia Nazionale.

La Federazione, pur riconoscendo la legittimità del controllo da parte dell'opinione pubblica sull'attività dell'edilizia sovvenzionata, ribadiva l'utilità della «*pura cooperazione*» poiché «*nell'attuale crisi edilizia ed alterazione dei prezzi (suolo, materiali, mano d'opera) è impossibile la ripresa delle costruzioni senza l'aiuto dello Stato*»[62].

Cagli invece, a difesa sua e della norma relativa ai *"provvedimenti urgenti per Roma"*, ricordava che quelli erano nati per la «*necessità di gettare sul mercato un certo numero di abitazioni*», per «*dare impulso all'edilizia*» e «*offrire lavoro a disoccupati e operai*», in poche parole, la Legge avrebbe complessivamente conseguito buoni risultati, contribuendo a «*ristabilire un equilibrio sociale ed economico*» e a costituire «*un forte patrimonio immobiliare imponibile in un futuro meno lontano di quel che si prevede*»[63].

Sostanzialmente queste leggi dovevano, e dovrebbero, funzionare come le *Frumentationes* che avvenivano nella *Porticus Minucia* dell'antica Roma per calmierare il prezzo del pane e della farina in occasione di comportamenti speculativi.

Il governo Fascista si fece successivamente promotore di nuove iniziative che, purtroppo, miravano ad agevolare solo alcune categorie di persone, e solo Roma e la Lombardia, entrando peraltro in contraddizione con altre norme, precedentemente emanate, in relazione alla soppressione dei contributi statali alle cooperative.

Nel 1924, per sopperire al problema casa per i dipendenti statali, il governo Fascista creò l'INCIS[64] (Istituto per le Case degli Impiegati Statali) e, successivamente, iniziò ad abbandonare definitivamente l'idea del sostegno statale alle cooperative degli impiegati e pensionati dello Stato, specie di quelle che «*annoveravano tra i soci elementi avversi al Regime Fascista*»[65], facendo ripiombare sull'Italia il problema degli alloggi, a tutto vantaggio degli speculatori edilizi.

Per avere un'idea di quanto le norme menzionate possano influenzare il business dell'edilizia, basta verificare quello che fu il comportamento del-

[62] Cfr. F. Bartolini, Roma Borghese, op. cit. e *Il Messaggero*, 29 giugno 1922.
[63] Cfr. F. Bartolini, Roma Borghese, op. cit. e *Il Giornale d'Italia*, 2 luglio 1922.
[64] R.D.L. 7 ottobre 1924, n°1944.
[65] Cfr. F. Bartolini, Roma Borghese, op. cit. e R.D.L. 9 maggio 1926, n°877.
[66] La Società Generale Immobiliare venne fondata a Torino nel 1862 e nel 1880 si trasferì con la sua sede a Roma

This story is an eloquent explanation for the city sprawl: even now, speculators tend to purchase agricultural land at a low cost, then, with the help of complacent politicians, turn it into building land.

In a society such as Italy's, now addicted to motor vehicles and hence to petroleum, there is no longer any concern about living prohibitive distances from the workplace or business areas, or schools for their children, so that they unwittingly accept the use of enormous quantities of agriculture and forest lands, and produce immeasurable quantities of greenhouse gases, without any concern for what may happen to the planet as a result.

The selfishness characteristic of our society is such that we do not even realize that, in a sprawl city, where the most essential goods and activities turn out to be far from home, there is no possibility for survival for families with elderly people or for anyone who does not use an automobile.

One last historical note is to be reminded, since it should be useful to comprehend how this idea of a sustainable city could be achieved: it concerns the criterion adopted by the "actors" in the Roman building process, especially the ICP in the 1920s to speed up, economize on and guarantee the aesthetic quality of those building projects that, in various aspects, we consider the most interesting, and on which this text is based.

In 1920 the characteristics of the *"palazzina"* were codified[70], and the construction of *palazzine* instead of freestanding houses as provided for in the preceding PRG (Master Plan) was allowed, in response to the dearth of housing in the City of Rome[71].

Nowadays the term *palazzina* carries a negative connotation due to the building speculation after World War II, however all that it involves is not to be thrown out. Quite to the contrary, as written in a previous publication[72], we can judge that it succeeded in eliminating the monotonous and alienating impression of the single-function residential suburbs, bringing vitality and variety into the fabrics of built-up areas. For example, what is called *"operation palazzina"*[73] in Garbatella – that is, those operations of reuniting the detached and isolated houses

[70] In this way, D. Barbieri, a very high-level expert first with IRCIS then INCIS described the *palazzina* in the book *Per la grande Roma*, Milan 1927, pp. 39-40: «*The palazzina was intended to be a slim and elegant architectural unit, including a modest number of apartments, and corresponding better to the detached house not only with respect to the organic, technical and economical needs of the city, but the natural surroundings as well, the climatic characteristics and living habits of the Italian bourgeoisie* [...] *in widespread application, the provision has already been to the benefit of the urban economy and aesthetics; it has often led to abandonment of the intensive areas, the gloomy and dense barracks that equalize and destroy everything* [...] *the palazzine with one or two double-or-triple levels of apartments, even when bound to the classic concepts of symmetry around an axis, can, within moderate limitations in design, take on extremely varied forms and solve a great many problems of adaptation to the land and the city or town plans*».

[71] R.D.L. 16 December 1920, nr 1937.

[72] E. M. Mazzola, *Contro Storia dell'Architettura*, op. cit.

[73] I quote from I. Insolera, *Roma Moderna*, op. cit. «*the main reason for the "operation palazzina" is the housing crisis and the con-*

la Società Generale Immobiliare[66] in concomitanza con l'approvazione delle stesse. Come infatti fa notare Francesco Bartolini nel suo più volte citato libro *Roma Borghese*, «*Poiché, dunque, la costruzione di case appare un affare meno redditizio per i privati dopo l'inaugurazione del nuovo sistema di sovvenzioni a istituti pubblici e cooperative, la Società torna a concentrare i propri sforzi nella compravendita degli immobili*», per poi cambiare strategia all'indomani dell'approvazione delle norme del 1923: considerato infatti che queste norme liberalizzavano il regime degli affitti[67], concedevano ai costruttori privati l'esenzione venticinquennale dell'imposta sui fabbricati[68] e abolivano la tassa sulle aree fabbricabili[69], la Società Generale Immobiliare tornò ad investire sulle iniziative edilizie con progetti di lottizzazione e costruzione di abitazioni in aree periferiche.

Questa storia la dice lunga anche sulle ragioni della crescita delle città a macchia d'olio: tutt'oggi gli speculatori tendono ad acquistare terreni agricoli in aree periferiche a basso costo per poi, grazie ai politici compiacenti, farle rendere edificabili.

In una società come la nostra, ormai succube dell'autotrazione e quindi del petrolio, non si fa più caso se si vive a distanze proibitive dal posto lavoro o dalle aree commerciali, o dalle scuole che frequentano i nostri figli, per cui accettiamo inconsapevolmente il consumo di immani quantità di territorio agro-forestale, producendo smisurate quantità di gas serra, non curanti di quelle che potranno le conseguenze per il pianeta.

L'egoismo che caratterizza la nostra società, ci porta a non accorgerci neanche del fatto che, in una città sviluppata "a macchia d'olio", dove anche i beni e le attività di prima necessità risultano lontani da casa, non c'è possibilità di sopravvivenza per famiglie di anziani o per chi non utilizza l'automobile.

Un'ultima nota storica da ricordare – poiché risulta utile a comprendere come si potrebbe realizzare questo progetto di *città sostenibile* – è quella relativa al criterio adottato dagli "attori" del processo edilizio romano – specie dell'ICP – negli anni '20 del secolo scorso, per velocizzare, economizzare e garantire la qualità estetica di quegli interventi edilizi che, per diversi aspetti, riteniamo i più interessanti, e sui quali è strutturato questo studio.

---

per prendere parte al business edilizio della nuova capitale. Inizialmente fu attiva nel mercato della compravendita dei terreni e fabbricati poi, dall'immediato dopoguerra si attivò anche nella realizzazione di lavori pubblici e nella realizzazione di abitazioni.

[67] R.D.L. 7 gennaio 1923, n°8.

[68] R.D.L. 8 marzo 1923, n°695.

[69] R.D.L. 18 novembre 1923, n°2538.

[70] Così D. Barbieri, tecnico di massimo livello prima dell'IRCIS e poi dell'INCIS descrive la *palazzina* nel testo *Per la grande Roma*, Milano 1927, pp. 39-40: «*La palazzina volle essere una unità architettonica svelta ed elegante, compren-*

carried out between 1926 and 1929 – led to a substantial improvement in the character of the district and, at the same time, put money in the pockets of the builders.

This typology offered various advantages:

1. for builders, the possibility of obtaining more from the area to be built on;
2. for the City, a reduction in costs for the public services system.

In addition to the advantages over isolated houses, the *palazzina* turned out to be more economical than the major works necessary for building intensive buildings, and here is the point we wish to make: the reduction in volumes of areas to be built on, can be partially compensated for by dividing up the lands and creating more rational worksites, which makes it possible to speed up completion of the buildings by means of sub-contracting the lots to various companies!

This for example, was the criterion adopted by the *National Building Union* which enable it to limit costs and building times taking advantage of competition among the various contractors[74].

Take note of the fact that, in addition to expense and time advantages, this criterion included the advantage of conserving the unity of the works keeping them from becoming uniform, and having a more equitable distribution of earnings among local enterprises as well as a greater number of workers employed in the building process, not to mention a considerable drop in unemployment!

Let's be clear: subcontracting to several artisan companies and architects work which has already been unified, means building *palazzine*, which have various shapes and characters, thereby eliminating the monotony that grips the new residential districts.

This is the criterion used in Holland now. In Brandevoort, Rob Krier, Christoph Kohl and the city authorities, in agreement with one another, have planned the building of over 50,000 dwellings, the design of which was subdivided among many professionals and companies.

This was also the criterion adopted for the original core of Garbatella, where the general design was drawn up by Gustavo Giovannoni together with Massimo Piacentini, while the buildings were designed by Innocenzo Sabbatini, Felice Nori, Camillo Palmerini and Plinio Marconi, who was also in charge of the works in their entirety: The result was great unity without uniformity.

sequent need to exploit the built-up areas to the full: it reaches a height of 19 meters [ca. 75 ft. trans. note] *with four floors in addition to the attic. A small garden all around is characteristic of those of the detached house, and is reduced to 6 meters [19,69 ft.] deep, entirely disappearing on the street side. The tenants have the impression of living in a private home or almost that, given its semi-intensive character: the twelve meters [47 ft.] of air all around it create the illusion, appearance of a detached house in a "park"; opposite it, the building 18 meters [71 ft.] rather than 30 [118 ft.] allows some sun in. In this having a little of everything lies the philosophy behind the design of the operation».*

[74]See F. Bartolini, op. cit. p. 134 and L. Ardingo, *L'attività dell'Unione Edilizia Nazionale a Roma: edilizia romana nel*

Nel 1920, vennero codificate le caratteristiche della *"palazzina"*[70] e, in risposta alla carenza degli alloggi della città di Roma[71], venne consentita la costruzione di palazzine in luogo dei villini previsti dal PRG precedente.

Oggi il termine *palazzina* ci è familiare per la sua accezione dispregiativa legata alla speculazione edilizia del secondo dopoguerra, tuttavia non tutto ciò che la riguarda è da buttar via; anzi, come è stato scritto in un testo precedente[72], si può ritenere che essa abbia potuto, nei suoi primi impieghi, eliminare l'impressione monotona e aliena dei sobborghi residenziali monofunzionali, portando vitalità e varietà di linguaggio all'interno dei tessuti edilizi. Per esempio quella che venne definita *"operazione palazzina"*[73] alla Garbatella – ovvero quegli interventi di ricucitura tra i villini e le casette isolate, operati tra il 1926 e il '29 – portò ad un miglioramento sostanziale del carattere del quartiere e, al tempo stesso, consentì di soddisfare le tasche di chi costruiva.

Questa tipologia mostrava diversi vantaggi:
1. per i costruttori, la possibilità di un maggiore sfruttamento dell'area fabbricabile;
2. per il Comune una riduzione dei costi per l'impianto dei servizi pubblici.

In aggiunta ai vantaggi di questa tipologia edilizia rispetto ai villini isolati, essa risultava più conveniente anche rispetto ai grandi lavori necessari per costruire i fabbricati intensivi, e qui sta il punto a cui si vuole arrivare: la riduzione dei volumi edificabili, infatti, può essere parzialmente compensata dal frazionamento dei terreni e dalla maggiore razionalizzazione del cantiere, il che consente di velocizzare l'ultimazione degli edifici mediante il contemporaneo appalto dei singoli lotti a imprese diverse!

---

dente in sé un modico numero di appartamenti, e rispondente meglio del villino non solo alle esigenze organiche, tecniche, economiche della città ma altresì dell'ambiente naturale, alle caratteristiche climatiche e alle abitudini di vita della borghesia italiana […] il provvedimento nella larga applicazione già fattane ha certo giovato all'economia e alla estetica urbana; sovente ha fatto rinunciare alle plaghe intensive, al fosco e denso casermone che tutto uguaglia e distrugge […] le palazzine con una o due colonne doppie o triple di appartamenti, anche se vincolate ai concetti classici dell'asse di simmetria, possono entro limiti planimetrici moderati, assumere forme svariatissime atte a risolvere molteplici problemi di adattamento al terreno e ai piani regolatori».

[71] R.D.L. 16 dicembre 1920, n°1937.

[72] *Contro Storia dell'Architettura*, op. cit.

[73] Cito da I. Insolera, *Roma Moderna*, op. cit. «*la ragione prima dell'"operazione palazzina" è la crisi delle abitazioni e la necessità che ne derivi di conseguenza un intenso sfruttamento delle aree fabbricabili: l'altezza arriva a 19 metri con quattro piani oltre l'attico, il giardinetto tutt'intorno caratteristico della tipologia a "villini", si riduce a meno di 6 metri di profondità e scompare del tutto verso la strada. Gli inquilini, visto il carattere semintensivo, possono credere di abitare in una casa individuale o quasi: i dodici metri d'aria che girano tutt'intorno lasciano l'illusione, l'apparenza, di un villino in un "parco"; la casa di fronte alta 18 metri anziché 30 lascia arrivare un po' di sole. In questo avere di tutto un poco si definisce la filosofia compositiva dell'operazione*».

Brandevoort vista aerea della città in costruzione, (2007) immagine fornita da Rob Krier & Christoph Kohl architects
Brandevoort aerial view of the city under construction, (2007). Courtesy given by Rob Krier & Christoph Kohl architects

So, in addition to the legal provision on a national level, we believe that it is also necessary to recall some local laws passed to protect the aesthetics of town centers:

1. on respect for local character and needs: «[…] *In order for the Garden City to succeed in an aesthetic sense, the constructions must have a style appropriate to the surroundings. There can be no worse an outcome than when the spirit of imitation leads to the building of exotic types aimed to fulfil needs quite diverse from local ones. Every region has its own type of construction* […]»[75];

2. on unified and not uniform design: «[…] *The main defect of some garden suburbs of London* […] *lies in the monotonous appearance of interminable rows of houses, all of the same type, that seem to have come out of a mould. Buildings for an identical number of environments can have highly different external appearances*»[76];

3. on the social role of Town-Planning: «[…] *if the blending of classes can be facilitated, Society will be indebted to this for the accomplishment of an important task*»[77];

4. on the cost and aesthetic factor: «[…] *The Rules and Regulations are not a document written for aesthetes, nor an appeal to touch sensitive hearts only, but a law*

---

cantiere dell'UEN (Rome 1919/1924), written report, 1997, pp. 11-15.
[75] Ufficio Municipale del Lavoro di Roma, *il problema Edilizio*, Ed. Centenari, Rome 1920.
[76] Ufficio Municipale del Lavoro di Roma, op. cit.

La città sostenibile è possibile
Una strategia possibile per il rilancio della qualità urbana e delle economie locali
Ettore Maria Mazzola

Questo, per esempio, fu il criterio adottato dall'*Unione Edilizia Nazionale* che le consentì di limitare i costi e tempi di esecuzione delle costruzioni, sfruttando anche la concorrenza tra i diversi appaltatori[74].

Si noti come, in aggiunta ai vantaggi relativi alle spese e ai tempi, questo criterio portava con sé il vantaggio di mantenere l'unitarietà degli interventi evitando la loro uniformità, nonché quello di avere una più equa distribuzione dei guadagni tra le imprese locali, e un maggior numero di operai impiegati nel processo edilizio, con una notevole diminuzione della disoccupazione!

Per meglio chiarirci: appaltare a più ditte artigiane e a più architetti un intervento già unitariamente definito, significa costruire edifici di forma e carattere diversi, eliminando la monotonia che attanaglia i nuovi quartieri residenziali.

Questo, per esempio, è il criterio secondo cui oggi in Olanda, a Brandevoort, Rob Krier e Christoph Kohl, di comune accordo con le autorità municipali, hanno pianificato un intervento di oltre 50.000 alloggi, la cui progettazione architettonica è stata suddivisa tra molti professionisti e imprese.

E questo è stato anche il criterio che venne adottato per il nucleo iniziale della Garbatella, dove il progetto generale venne redatto da Gustavo Giovannoni e Massimo Piacentini, mentre gli edifici vennero progettati da Innocenzo Sabbatini, Felice Nori, Camillo Palmerini e Plinio Marconi, quest'ultimo fu anche il responsabile dell'intera direzione dei lavori: il risultato che ne scaturì fu quello di una grande unitarietà priva di uniformità.

E allora, in aggiunta alle disposizioni di legge a carattere nazionale, si ritiene necessario anche ricordare alcune norme locali, emanate a tutela dell'estetica dei centri urbani:

1. sul rispetto del carattere e delle esigenze locali: «[…] *Perché l'insieme della città-giardino riesca realmente estetico, occorre che le costruzioni siano dello stile adatto al Paese. Nessun peggiore risultato di quando lo spirito di imitazione porta a costruire tipi esotici, nati per rispondere ad esigenze ben diverse da quelle locali. Ogni Regione ha il suo tipo di costruzione* […]»[75];

2. sulla progettazione unitaria e non uniforme: «[…] *Il difetto capitale di alcuni sobborghi giardino di Londra* […] *sta nell'aspetto monotono che presentano le file interminabili di centinaia di casette, tutte dello stesso tipo, che sembrano uscite da uno stampo. Costruzioni di identico numero di ambienti possono avere un aspetto esterno ben diverso*»[76];

---

[74] Cfr. F. Bartolini, op. cit. pag. 134 e L. Ardingo, *L'attività dell'Unione Edilizia Nazionale a Roma: edilizia romana nel cantiere dell'UEN (Roma 1919/1924)*, relazione dattiloscritta, 1997, pp. 11-15.
[75] Ufficio Municipale del Lavoro di Roma, *il problema Edilizio*, Ed. Centenari, Roma 1920.
[76] Ufficio Municipale del Lavoro di Roma, op. cit.

aimed at being a practical guide for all social classes, in the explanatory part it also considers "the subject of the purse strings", the purely material and financial side of its architecture [...] *The ugly home has all the disadvantages compared to the beautiful one that ugliness has compared to beauty; and not the least of the disadvantages are the financial ones»*[78];

5. on the logical nature of the laws on behalf of quality rather than the illogical approach of volume indexes and standards: «[...] *detached houses, consisting of a ground floor and two upper ones,* [...] *can obtain authorization for a partial upper storey only for the purpose of contribution to the "decor" of the building»*[79];

6. in harmony with the preceding point, the formula for approval of designs for new constructions in Venice was: «[...] *che el sia fato che el staga ben!»*[80][trans. Note: Venetian dialect], that is «*that it be built and that it be well harmonized into the context*»;

7. on the need to have respect for all the citizens: «[...] *Among the attributions by the City and by the commission, it must be the one in charge of Architecture Law, since the external work does not belong so much to the owner as to the city»*[81];

8. in harmony with the preceding point, but it is not a city law so much as an attempt by a majority share holder in a real-estate operation to guarantee the aesthetic quality of a district, and it is useful to recall that the *Società Generale Immobiliare* sought to upgrade the entire residential area of the former Villa d'Heritz in Rome in this manner[82], in the acts for the agreement to view several lots for building, the purchasers were obliged to obtain «*the approval*» of the Società «*for the exterior design of the building to be constructed, to protect the aesthetic quality and eurhythmy of the district under construction*»[83];

9. a further law, present in the regulations governing all the historical cities until the promulgation of 1942's law nr 1150, was the one which, thanks to a restrictive conception of private property, reserving part of the ground floor of buildings as public ways, made possible the preservation of compact urban fronts, guaranteeing passageways through the building of com-

[77] Ufficio Municipale del Lavoro di Roma, op. cit.

[78] *Building Regulations of the City of Capri* drawn up Edwin Cerio between 1917 and 1921.

[79] *Building Regulations of the City of Rome* 1912.

[80] See Antonio Salvatori, *Venezia – Guida ai Principali Edifici*. Canal & Stamperia Editrice, Venice, Castello 6117, 1995, p. 18.

[81] *Report for the Plan of Old Bari* of 1930, inspired by Gustavo Giovannoni and studied by Concezio Petrucci.

[82] The Villa d'Heritz area is located in the present district of Parioli by Villa Grazioli, and it borders on the streets Lima, Bruxelles and Panama.

[83] Archivio Centrale dello Stato, Sogene, *Documentazione provenienza proprietà and Atti diversi*. Promessa di vendita della Società Generale Immobiliare agli ingegneri Riccardo Esdra and Renato Di Nola, 1 February 1928, art. 5.

La città sostenibile è possibile
Una strategia possibile per il rilancio della qualità urbana e delle economie locali
Ettore Maria Mazzola

3. sul ruolo sociale dell'Urbanistica: «[…] *se può facilitare la fusione tra le classi, la società le sarà debitrice della risoluzione di un compito importante*»[77];

4. sul fattore economico ed estetico: «[…] *il Regolamento non è un documento scritto per gli esteti, non un appello inteso a commuovere solamente i cuori sensibili, ma una norma che vuol essere una guida pratica per tutte le classi sociali, che nella parte esplicativa considera anche "l'argomento borsa", il lato puramente materiale, finanziario della sua architettura […] La casa brutta, sulla casa bella, ha tutti gli svantaggi della bruttezza sulla bellezza; e non minore, fra questi svantaggi è quello economico*»[78];

5. sulla logicità delle norme per la qualità, piuttosto che l'illogicità di indici di cubatura e standard: «[…] *i villini, composti di due piani oltre il pian terreno, […] possono ricevere l'autorizzazione per una parziale sopraelevazione soltanto allo scopo di contribuire al "decoro" della costruzione*»[79];

6. in armonia col precedente punto, la formula di approvazione dei progetti per le nuove costruzioni a Venezia era: «[…] *che el sia fato che el staga ben!*»[80]. Ovvero «*che sia costruito armonizzandosi nel contesto*»;

7. sulla necessità di rispetto di tutti i cittadini: «[…] *Tra le attribuzioni del Comune e della Commissione, dovrà essere quella che fa capo al Diritto Architettonico, in quanto l'opera esterna non tanto appartiene al proprietario quanto alla città*»[81];

8. in armonia con il punto precedente, ma non si tratta di una norma comunale, quanto di un tentativo di garantire la qualità estetica di un quartiere da parte dell'azionista di maggioranza di un'operazione immobiliare, torna utile ricordare come la *Società Generale Immobiliare*, al fine di valorizzare l'intera area residenziale dell'ex Villa d'Heritz di Roma[82], negli atti per la promessa di vendita di alcuni appezzamenti di terreno edificabile, obbligava gli acquirenti ad ottenere «*l'approvazione*» della Società «*per il progetto esterno dell'edificio da costruire, a tutela dell'estetica e della euritmia dell'erigendo quartiere*»[83];

9. un'ulteriore norma, o accordo tacito, presente fino all'istituzione della Legge Urbanistica 1150 del 1942 nei Regolamenti di molte città italiane, era

[77] Ufficio Municipale del Lavoro di Roma, op. cit.

[78] *Regolamento Edilizio del Comune di Capri* elaborato da Edwin Cerio tra il 1917 e il '21.

[79] *Regolamento Edilizio del Comune di Roma* del 1912.

[80] Cfr. Antonio Salvatori, *Venezia – Guida ai Principali Edifici.* Canal & Stamperia Editrice, Venezia, Castello 6117, 1995, pag. 18.

[81] *Relazione al Piano di Bari Vecchia* del 1930, ispirato da Gustavo Giovannoni e studiato da Concezio Petrucci.

[82] L'area di Villa d'Heritz è localizzata nell'attuale quartiere Parioli presso Villa Grazioli, ed è delimitata dalle vie Lima, Bruxelles e Panama.

[83] Archivio Centrale dello Stato, Sogene, *Documentazione provenienza proprietà e Atti diversi.* Promessa di vendita della Società Generale Immobiliare agli ingegneri Riccardo Esdra e Renato Di Nola, 1° febbraio 1928, art. 5.

Venezia, Sottoportego: per consentire un tessuto compatto della città e al contempo garantire i collegamenti, parte del piano terra degli edifici è adibito al pubblico passaggio. Questa soluzione è stata resa possibile grazie ad una concezione limitativa della proprietà privata, subordinata all'occorrenza alle esigenze di pubblica utilità.
Venice, *Sottoportego:* to provide a compact urban fabric, guaranteeing connections at the same time, part of the ground floors of buildings were designated for public passageways. This solution was made possible thanks to a restrictive conception of private property, subordinated when necessary for considerations of public utility.

plex. Porticoes, covered passages, semi-private internal courtyards, etc., that is all those components, called picturesque, that characterize our historical centers originated from this law.

Bologna, i portici di Campo Santo Stefano
Bologna the arcades of Campo Santo Stefano

quella che, grazie ad una concezione limitativa della proprietà privata, riservando parte del piano terra degli edifici per il pubblico passaggio, consentiva il mantenimento di fronti urbani compatti garantendo i collegamenti attraverso il tessuto edilizio. Da questa norma hanno tratto origine i portici, i passaggi coperti, i cortili interni semi-privati, ecc. ovvero tutti quegli elementi, definiti pittoreschi, che caratterizzano i nostri centri storici.

The sustainable city is possible
A possible strategy for recovering urban quality and local economies
Ettore Maria Mazzola

Costs (money and building times)

Quite often the main argument used to justify abandonment of traditional techniques in building has been the time required for and costs of building, too high compared to that of so-called "modern" building.

Since the end of the 1920s, with media bombarding from specialized magazines, such as the German *Moderne Bauformen*, or the Italian *Casabella* and *La Nuova Architettura* hostility towards residential architecture still bound to Italian tradition was growing. Many architects and engineers now devoted to *International Style* in the name of a colonial complex, saw it as the *example of old-fashioned architecture that had to be rejected*. The architecture of personalities such as Brasini, Marconi, Palmerini, Pirani, or Sabbatini was derided and called the *"creature of the ridiculous"*. An idea of the thought of that era – behind which, in actual fact, lurked the interests of contractors – can be summed up in these two quotations:

«[…] *Our cooperatives are not concerned with the study of the type of building, either from the point of view of surfaces, or architecture, except for financial waste. Let us add that they are not even concerned with rational building procedures, and materials that are out of the ordinary. Thus, it is undeniable that these constructions were not the continuation of building systems used at the time of Sixtus V and thereafter, except for the use of reinforced concrete more recently, and for this reason, too, they never had a clear view of its importance economically speaking either, as soon as some winch or some cement mixer appeared and now, too, 90% of the construction sites have no construction particularity different from that of 1883 […]. Naturally, architecture has followed the old system, and we can also say that this had been the intention, indeed, of camouflaging public housing with styles in bad taste and requiring expenditures for stucco as well as other decorations that are not inconsiderable; there has been a complete absence of architecture that would correspond to the material used, as well as its use for living quarters. There has also been no rational study of the floor plan, since the concept of the old bourgeois house has prevailed in all of the cooperatives. Often, the floor plan not only reflects the old conception, but also worsens it, both from the sanitary as well as utility point of view* »[84].

«[…] *devoting more attention to functional problems and building costs since public housing maintains some characteristics of the average building that have a noteworthy affect on costs, so that it is necessary to reduce some spaces that do not constitute a real need*[85]».

[84] R. Lavagnino, *Per un'Architettura Razionale*, in "Il Corriere dei Costruttori", 4 August 1929.
[85] G. Nicolosi, *Relazione al progetto per le case realizzate al lotto 27 della Garbatella*, 1930.

Costi (denaro e tempi di realizzazione)

Molto spesso, l'argomento principe per giustificare l'abbandono delle tecniche tradizionali in edilizia è stato quello relativo alle loro tempistiche e costi di realizzazione, apparentemente troppo elevati rispetto a quelli del-l'edilizia cosiddetta "moderna".

Sin dalla fine degli anni '20 del secolo trascorso, con il bombardamen-to mediatico di riviste specializzate come la tedesca *Moderne Bauformen*, o le italiane *Casabella* e *La Nuova Architettura*, crebbe l'ostilità verso il carattere delle architetture residenziali ancora legate alla tradizione italiana che, per molti architetti e ingegneri, ormai assoggetatisi all'*International Style* in nome di un complesso coloniale, rappresentavano l'*esempio di una vecchia architet-tura da rifiutare*. Le architetture di personaggi come Brasini, Marconi, Palmerini, Pirani, Sabbatini, venivano derise e definite *"creature del ridicolo"*. Un'idea del pensiero dell'epoca – dietro al quale si nascondevano in realtà gli interessi degli imprenditori edili – può essere riassunta in queste due citazioni:

«[…] *Le nostre cooperative, a parte lo sperpero economico, non si preoccupano dello studio del tipo della casa sia dal lato superficiale, come dal lato architettonico. Aggiungiamo che non si preoccupano nemmeno dei procedimenti razionali costrut-tivi, e dell'impiego di materiali diversi dagli ordinari. E così, senza tema di smen-tite, queste costruzioni non furono che la continuazione dei sistemi edilizi usati dal-l'epoca di Sisto V in poi, se si eccettua negli ultimi tempi l'uso del cemento armato, ed anche per questo non si ebbe mai la visione nitida della sua importanza in re-lazione al fattore economico; appena è comparso qualche argano o qualche impasta-trice e anche oggi, il 90% dei cantieri, non ha nessuna particolarità costruttiva di-versa da quella del 1883 […]. Naturalmente l'architettura ha seguito il vecchio si-stema, e possiamo dire che si è voluto anzi, camuffare la casa popolare con stili di cat-tivo gusto e richiedenti spese di stucchi e di altre decorazioni non indifferenti; è man-cata assolutamente l'adozione di un'architettura che corrispondesse, non solo all'u-so dell'abitazione, ma al materiale impiegato. È mancato anche lo studio razionale della pianta, giacché in tutte le cooperative è prevalso il concetto della vecchia casa borghese e spesso, la pianta, non solo risente della vecchia concezione, ma anche la peggiora, sia dal lato igienico, sia dal lato utilitario[84]*».

«[…] *badare maggiormente ai problemi funzionali ed ai costi di esecuzione poiché la casa popolare mantiene alcune caratteristiche della casa media che incidono*

---

[84] R. Lavagnino, *Per un'architettura razionale*, in "Il Corriere dei Costruttori", 4 agosto 1929.

Differently from what has been said above, on our part it has always been the doubt of the opposite. Indeed, in the engaging research on architecture, as well as in professional practice, it has been easy to demonstrate that these arguments are, to say the least, *false and tendentious*.

Anyone can perform a check, for example, simply verifying the ISTAT [Italian Bureau of Statistics] data pertaining to the cost of ordinary constructing buildings. Internet could be used to speed up the search.

The cost of building a residential structure type, which is periodically brought up-to-date, was published by ISTAT starting in 1967. It evaluates the variation in direct cost of a building for residential use.

To assist the reader, as the ultimate aim is to facilitate understanding of what one shall have occasion to demonstrate, it is included below the technical explanation of how cost-update calculations are performed.

Since January 2003 this has been calculated on the new basis 2000 = 100 in execution of the EC Regulation nr 1165/98 of the European Union Council pertaining to economic-trend statistics.

The index reference-base update operation has become necessary due to modifications in construction techniques, pertinent new legislation, and examination of a new construction typology.

The construction-cost index for a residential building is of the *"Laspeyres"* type[86] on a fixed basis, and measures the variations in costs directly attributable to the cost of carrying out the construction. The costs of land, design, and profit margins are thus excluded. The building model examined has 4 storeys with 24 dwellings, a portion of which have two baths, a basement and lock-up garage. The living area for each dwelling unit is 88 s. m. (947 sq. ft.) and 50 s. m. (538 sq. ft.) for the non-residential type.

The index calculation is based on the prices of three different cost components:
1. LABOUR COST PER HOUR: The data are taken directly from ISTAT [Italian Bureau of Statistics] and refer to the labour costs and are distinct for each grade: specialized - qualified - and common worker.
2. COST OF MATERIALS: The data refer to the prices of materials ex-worksite and are taken monthly by the Chambers of Commerce in 20 regional capitals, excluding Aosta and the autonomous provinces of Trento and Bolzano. Starting from

---

[86] Quoting from *Wikipedia, the Free Encyclopedia*: The *Laspeyres index*, named after the German statistician and economist Etienne Laspeyres, is used to measure the variation in volumes or prices of particular built-up areas: Contrary to the *Paasche Index*, which uses the final values as measures, the Laspeyres one uses those of the initial period. It remains even to our day one of the most common indexes in Italian accounting. Together with the Paasche Index, it is used to create another index, *the Fisher Index*, used in many countries outside of the European Union, among which are the USA and Canada.

notevolmente sui costi, per cui è necessario ridurre alcuni spazi che non rappresentano un reale fabbisogno[85]».

Diversamente da quanto sopra, c'è sempre stato da parte nostra il dubbio del contrario. E infatti nelle appassionate ricerche sull'architettura, così come nella pratica professionale, abbiamo potuto verificare che queste argomentazioni sono a dir poco *false e tendenziose*.

Un controllo semplice può farsi da parte di chiunque, per esempio limitandosi a verificare, magari con l'ausilio di internet per velocizzare le ricerche, i dati ISTAT relativi al costo di costruzione dell'edilizia corrente.

Il costo di costruzione di un fabbricato residenziale tipo, che viene periodicamente aggiornato, è stato pubblicato dall'ISTAT a partire dal 1967, e misura la variazione del costo diretto di un fabbricato ad uso abitativo.

Per agevolare le operazioni al lettore, ma anche perché la cosa è finalizzata a comprendere meglio ciò che si avrà modo di dimostrare, si riporta di seguito la spiegazione tecnica di come funziona il calcolo di aggiornamento del costo:

Dal gennaio 2003 questo indice viene calcolato nella nuova base 2000 = 100 in attuazione del Regolamento (CE) n°1165/98 del Consiglio dell'Unione Europea relativo alle statistiche congiunturali.

L'operazione di aggiornamento della base di riferimento dell'indice si è resa necessaria considerando le modifiche intervenute nelle tecniche di costruzione, le novità legislative introdotte in materia, nonché per prendere in esame una nuova tipologia di costruzione.

L'indice del costo di costruzione di un fabbricato residenziale è un indice di *"tipo Laspeyres[86]"* a base fissa, e misura le variazioni dei costi direttamente attribuibili al costo di realizzazione dell'opera. Vengono pertanto esclusi il costo del suolo e di progettazione e i margini di profitto. Il fabbricato tipo preso in esame è un edificio di 4 piani con 24 abitazioni, parte delle quali dotate di doppi servizi, con cantine e box. La superficie residenziale media per ogni unità abitativa è di mq 88 mentre quella non residenziale è di circa mq 50.

Ai fini del calcolo dell'indice, vengono rilevati i prezzi relativi a 3 diverse componenti di costo:

---

[85] G. Nicolosi, *Relazione al progetto per le case realizzate al lotto 27 della Garbatella*, 1930.

[86] Citiamo da Wikipedia, l'enciclopedia libera: L'indice di Laspeyres, dal nome dello statistico ed economista tedesco Etienne Laspeyres, è un indice utilizzato per misurare la variazione nei volumi o nei prezzi di determinati aggregati. Contrariamente all'indice di Paasche, che utilizza come pesi i valori finali, quello di Laspeyres usa i pesi del periodo iniziale. Resta a tutt'oggi uno degli indici più utilizzati in contabilità nazionale. Inoltre, assieme all'indice di Paasche, concorre alla formazione di un altro indice, l'indice di Fisher, utilizzato in molti Paesi fuori l'Unione Europea, tra cui USA e Canada.

January 2003, the City of Reggio Calabria was replaced by that of Catanzaro, for the sake of uniformity in methodology for taking data.

3. COSTS FOR TRANSPORT AND RENTS: the data refer to cost of transport and on-the-spot rentals, that is, including fuel consumption and/or electricity and are collected by the regional Public Works Authorities.

The basic indexes are calculated as a ratio between the monthly prices, taken in each area, and the average price of the year, chosen as the base. By means of weighted arithmetic averages, one moves to the category and provincial group indexes where the weights are determined as a function of the incidence of each item on the cost. The national category and group indexes are obtained from the provincial category and group ones respectively. The national cost index for the construction of a residential building is obtained from the national group indexes. In all cases where ones goes from provincial to national indexes, weighted arithmetic averages are used and the amounts are proportional to the regional housing investments made in the three-year period including the base year.

According to the latest ISTAT data, the indexes of construction cost increases for residential buildings updated to December 2006 are as follows:

Overhead	122.90
Labour	124.10
Materials	122.00
Transport and Rentals	120.70

Whereas, without the need to do too many calculations, the latest update of January 1st 2007 of *the construction cost per gross cubic metre,* indicated by the Order of Architects for Rome and the Province is as follows:

construction of new buildings	market cost €/mc v.p.	market cost €/mq
luxury dwellings, offices, hotels, apartment hotels, retirement homes, commercial buildings of particular importance, hospitals, clinics and nursing homes	359.00	
dwellings.............................	**203.00**	
schools.................................	203.00	
industrial plants		
- up to 6 m [19,6 ft] high per storey		299.00
- over 6 m up to 8 m high per storey		329.00
- over 8 m high, for each storey		377.00

1. COSTO ORARIO DELLA MANO D'OPERA: i dati sono rilevati direttamente dall'ISTAT, e si riferiscono ai costi della mano d'opera distinti per ciascuna qualifica: operaio specializzato, operaio qualificato e operaio comune.

2. COSTO DEI MATERIALI: i dati si riferiscono ai prezzi dei materiali resi franco cantiere, e sono rilevati mensilmente dalle Camere di Commercio in 20 capoluoghi di regione, esclusa Aosta e le province autonome di Trento e Bolzano. A partire da gennaio 2003, la città di Reggio Calabria è stata sostituita da quella di Catanzaro, per uniformare la metodologia di rilevazione.

3. COSTI DEI TRASPORTI E NOLI: i dati si riferiscono al costo dei trasporti e noli a caldo, cioè comprendono il consumo di carburante e/o energia elettrica e sono rilevati dai Provveditorati Regionali alle Opere Pubbliche.

Gli indici elementari sono calcolati rapportando i prezzi mensili, rilevati in ciascuna piazza, al prezzo medio dell'anno scelto come base. Mediante medie aritmetiche ponderate si passa agli indici di categoria e di gruppo provinciali, dove i pesi sono determinati in funzione dell'incidenza di ciascuna voce di costo. Gli indici nazionali di categoria e di gruppo, si ottengono rispettivamente a partire da quelli provinciali di categoria e di gruppo. L'indice nazionale del costo di costruzione di un fabbricato residenziale, si ottiene a partire dagli indici nazionali di gruppo. In tutti i casi in cui si passa dagli indici provinciali a quelli nazionali, si utilizzano medie aritmetiche ponderate e i pesi sono proporzionali agli investimenti regionali in abitazioni effettuati nel triennio a cavallo dell'anno base.

Stando agli ultimi dati indicati dall'ISTAT, gli indici di adeguamento del costo di costruzione per gli edifici residenziali aggiornati a dicembre 2006 sono i seguenti:

Spese generali	122,90
Mano d'opera	124,10
Materiali	122,00
Trasporti e noli	120,70

Mentre, senza mettersi a fare troppi calcoli, l'ultimo aggiornamento datato 1° gennaio 2007 del *costo di costruzione al metro cubo vuoto per pieno* indicato dall'Ordine degli Architetti di Roma e Provincia è il seguente:

Dai dati sopra riportati se ne deduce che, considerando per convenzione un'altezza media di piano pari a 3,0 metri, prendendo per buono il prezzo al metro cubo

The sustainable city is possible
A possible strategy for recovering urban quality and local economies
Ettore Maria Mazzola

From the above data it can be deduced that, considering an average height per storey of 3,0 meters, taking the price per cubic meter indicated at €/mc 203,00 as valid, the present **presumed cost of construction** per square meter of a common dwelling, without any particular pretension, is **€/mq 609,00,** while for a luxury dwelling it is **€/mq 1.077,00.**

If we consider that nowadays it's necessary to provide an answer to the specific demands of energetic containment, instead of considering those costs of construction, it should be better to consider those of the so-called bio-housebuilding; according to a recent analysis of the Lega-Ambiente Lazio, they are attested between 10 and 15%[87] more than those above mentioned, thus increasing the **presumed cost of construction** per square meter, for a residential building without any particular pretension, up to **€/mq 700,35**, and that for a luxury house to **€/mq 1.238,55**. Obviously we must remember that the traditional housebuilding – as it will be underlined in the next chapter – has an excellent thermo-hygrometric performance and results also respectful of the environment, differently from the so-called bio-architecture which is industrially produced.

Obviously, we all well know that this cost is something presumed, since it will never correspond to reality during the works themselves.

In any case, considering what it is to demonstrate, we'll consider it a realistic price.

It should be noted among other things that this figure, with respect to ISTAT indications, does not take into account the cost of the land, nor that of design, nor that for outside work to be performed and profit margins!

Combing through the ex ICP file now called ATER[88] file, some highly interesting things can be discovered and will give food for thought for a long time about the heap of falsehoods that have been told about traditional building!

Let us look at some building complexes divided according to typologies, built by the Istituto Case Popolari by 1930. From the data indicated relative to their *cfinal construction cost computed "per vano"* [room][89] – hence, not from a simple, summary estimate – data, which, among other things are all-inclusive even of lands and outdoor preparation, we can ascertain what those buildings really cost.

Finally, considering the fact that in Italy, in assessment of the import of residential building, the term *"vano"*[90] is understood a conventional area of mq.18

[87] See: www.acca.it/articolocompleto/tabid/80/ItemID/371/View/Details/Default.aspx

[88] The Autonomous Institute for Public Housing (Istituto Autonomo per le Case Popolari) IACP has since 2003 taken the name of ATER, Azienda Territoriale per l'Edilizia Residenziale.

[89] Innocenzo Costantini, *Note sul controllo dei risultati economici per l'edilizia popolare*, excerpt from the magazine «*L'Ingegnere*», vol. IV, nr 2, 8, 9, 1930.

[90] Recently, *conventional spaces* were reduced to 14 m². in conformity with article 13 of the law of 27 July 1978 nr. 392, in the 1930s The Istituto Case Popolari, measured each area of the house as one *"vano"* and the bath as a ½ *"vano"*. From

La città sostenibile è possibile
Una strategia possibile per il rilancio della qualità urbana e delle economie locali
Ettore Maria Mazzola

costruzione nuovi edifici	costo di mercato €/mc v.p.	costo di mercato €/mq
abitazioni di lusso, uffici, alberghi, case albergo, case di riposo, edifici commerciali di particolare importanza, ospedali, cliniche e case di cura	359.00	
abitazioni	**203.00**	
scuole	203.00	
stabilimenti industriali - fino a ml 6 di altezza per piano		299.00
- oltre 6 ml fino a 8 ml di altezza per piano		329.00
- oltre 8 ml di altezza, per ogni piano		377.00

indicato pari ad €/mc 203,00, l'attuale **costo presunto di costruzione** al metro quadrato, per un'abitazione comune e quindi priva di ogni particolare pretesa, è di **€/mq 609,00**, mentre quello per una casa di lusso è di **€/mq 1.077,00**.

Considerati i tempi correnti, e la necessità di dover rispondere a determinate esigenze di contenimento energetico, piuttosto che prendere in considerazione i costi di costruzione dell'edilizia corrente, dovremmo valutare quelli della cosiddetta *bio-edilizia* che, secondo una recente stima di Lega-Ambiente Lazio, si attestano tra il 10 e il 15%[87] in più di quelli succitati, il che porta il **costo presunto di costruzione** al metro quadrato, per un'abitazione comune ad **€/mq 700,35**, mentre quello per una casa di lusso ad **€/mq 1.238,55**. Ovviamente si deve ricordare che l'edilizia tradizionale – come si sottolinea nel prossimo capitolo – ha un eccellente comportamento termo-igrometrico, e risulta assolutamente rispettosa dell'ambiente, a differenza della cosiddetta bio-architettura prodotta industrialmente.

Ovviamente, senza volerci nascondere dietro un dito, sappiamo tutti molto bene che il suddetto costo è da ritenersi *molto presunto*, poiché in corso d'opera non corrisponderà mai alla realtà.

In ogni modo, alla luce di ciò che si vuole dimostrare, lo considereremo un prezzo congruo.

Si noti tra l'altro che questo valore, nel rispetto delle indicazioni ISTAT, esula dal costo del suolo, da quello di progettazione, da quello per le sistemazioni esterne, e dai margini di profitto!

[87] Si veda il sito: www.acca.it/articolocompleto/tabid/80/ItemID/371/View/Details/Default.aspx

(59 sq. ft.) – which does not correspond precisely to an area (called *"vano utile"* in the registry office) – when the cost of construction per *"vano"* indicated by the ICP is known, dividing it by 18 gives the construction cost per square meter including all expenses, and we can then compare it to construction cost per square meter for present-day residential building. For this reason and to be more precise, it will be indicated in boldface the monetary value brought up-to-date,

	Intensive	Flaminio I 1908	Testaccio II 1917*	San Saba I 1910**
A	Structures, plastering, furnishings and systems	£ 6.463	£ 7.186	£ 8.516
		€ 5.135,52	€ 5.710,02	€ 6.766,85
B	Roofing basements foundations	£ 2.193	£ 2.201	£ 2.945
		€ 1.742,56	€ 1.748,92	€ 2.340,11
C	Ground and placement accessories	£ 670	£ 807	£ 1.003
		€ 532,38	€ 641,24	€ 769,98
	TOTAL	£ 9.326	£ 10.194	£ 12.464
		€ 7.410,48	€ 8.100,19	€ 9.903,95
		€/mq 411,69	€/mq 450,01	€/mq 550,21

* Solution for the corner, height: 5 storeys; **Head with two corner solutions: height 4 storeys (acute and obtuse)

Quartiere Flaminio I, 1908 edifici intensivi – vista dall'alto. (Immagine TerraItaly™ by Pictometry – © Compagnia Generale Ripreseaeree)

Quarter Flaminio I, 1908 Intensive Buildings – Aerial View (Imagee TerraItaly™ by Pictometry – © Compagnia Generale Ripreseaeree)

Quartiere Testaccio II, 1917 edifici intensivi – vista dall'alto (Immagine TerraItaly™ by Pictometry – © Compagnia Generale Ripreseaeree)

Quarter Testaccio II, 1917 Intensive Buildings – Aerial View (Imagee TerraItaly™ by Pictometry – © Compagnia Generale Ripreseaeree)

these figures, and from the actual surfaces of the apartments indicated, a correct assessment of m² is deduced 18 which is that adopted for the tax base of buildings of historical or artistic interest according to the criterion of article 2, paragraph 5, of the D. Lgs. of 23 January 1993, nr. 16 converted by the law of 24 March 1993, nr. 75.

Ebbene, andando a spulciare nell'archivio dell'ex ICP, oggi denominato ATER[88], è possibile scoprire delle cose molto interessanti, che ci faranno riflettere a lungo sulla mole di falsità che sono state raccontate circa l'edilizia tradizionale!

Prendiamo in esame alcuni complessi edilizi divisi per tipologie, costruiti dall'Istituto Case Popolari entro il 1930. Dai dati indicati relativamente al loro *costo di costruzione a consuntivo per "vano"*[89] – dunque non da una semplice valutazione preventiva sommaria – dati che tra l'altro risultano omnicomprensivi anche dei terreni e dei lavori di sistemazione esterna, e verifichiamo quanto quelle case sono costate realmente.

Riflettendo infine sul fatto che in Italia, nella valutazione della consistenza dell'edilizia residenziale, con il termine *"vano"*[90] si intende una superficie convenzionale di mq. 18 – che non corrisponde esattamente ad un ambiente (definito catastalmente vano utile) – conoscendo il costo di realizzazione per vano indicato dall'ICP e dividendolo per 18, è possibile ottenere il costo di costruzione al metro quadro, omnicomprensivo di ogni onere. In questo modo ci è quindi possibile compararlo al costo di costruzione al metro quadrato dell'edilizia residenziale di oggi; per

Intensivi		Flaminio I 1908	Testaccio II 1917*	San Saba I 1910**
A	Strutture, tamponamenti intonaci, arredamenti e impianti	£ 6.463 € 5.135,52	£ 7.186 € 5.710,02	£ 8.516 € 6.766,85
B	Coperture scantinati fondazioni	£ 2.193 € 1.742,56	£ 2.201 € 1.748,92	£ 2.945 € 2.340,11
C	Terreno e sistemazioni accessorie	£ 670 € 532,38	£ 807 € 641,24	£ 1.003 € 769,98
	TOTALE	£ 9.326 € 7.410,48 €/mq 411,69	£ 10.194 € 8.100,19 €/mq 450,01	£ 12.464 € 9.903,95 €/mq 550,21

* Si tratta della soluzione d'angolo altezza 5 piani; ** Testata con 2 soluzioni d'angolo altezza 4 piani (acuta e ottusa)

Quartiere San Saba I, 1910 edifici intensivi – vista dall'alto
(Immagine TerraItaly™ by Pictometry – © Compagnia Generale Ripreseaeree)
Quarter San Saba I, 1910 Intensive Buildings – Aerial View
(Imagee TerraItaly™ by Pictometry – © Compagnia-Generale Ripreseaeree)

[88] L'Istituto Autonomo per le Case Popolari (IACP) dal 2003 ha assunto la denominazione di ATER, Azienda Territoriale per l'Edilizia Residenziale.

[89] Innocenzo Costantini, *Note sul controllo dei risultati economici per l'edilizia popolare*, estratto dalla rivista «*L'Ingegnere*», vol. IV, n°2, 8, 9, 1930.

[90] Recentemente i *vani convenzionali* sono stati ridotti a mq. 14 ai sensi dell'articolo 13 della legge 27 luglio 1978 n. 392, negli anni '30 l'Istituto Case Popolari usava misurare con "vano" ogni ambiente della casa e con ½ vano solo il bagno. Da questi valori, e dalle superfici reali degli appartamenti indicati, se ne deduce una valutazione corretta in mq. 18 che è poi quella adottata per la determinazione della base imponibile degli immobili di interesse storico o artistico secondo il criterio dell'articolo 2, comma 5, del D. Lgs. 23 gennaio 1993, n. 16 convertito dalla Legge 24 marzo 1993, n. 75.

	Semi-intensive	Testaccio III 1921*	Piazza d'Armi I 1922**	Piazza d'Armi I 1922***	Piazza d'Armi II 1926****
A	Structures, plastering, furnishings and systems	£ 6.975 € 5.543,16	£ 6.469 € 5.141,03	£ 5.904 € 4.692,01	£ 7.022 € 5.579,71
B	Roofing basements foundations	£ 1.492 € 1.185,71	£ 2.355 € 1.871,56	£ 2.305 € 1.831,82	£ 2.158 € 1.714,75
C	Ground and placement accessories	£ 1.204 € 956,84	£ 1.243 € 987,83	£ 1.250 € 993,39	£ 1.339 € 1.063,97
	TOTAL	£ 9.671 €7.685,72 €/mq 426,98	£ 10.058 € 7.993,27 €/mq 444,07	£ 9.459 €7.517,24 €/mq 417,62	£ 11.114 €8.831,23 €/mq 490,62

* insulated: for series type; ** insulated; *** the same in series; **** (low-cost housing T member)

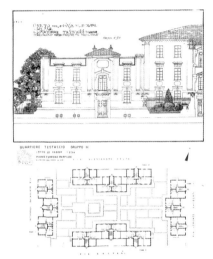

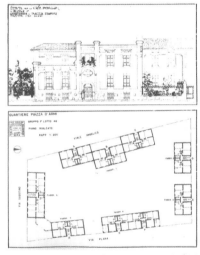

Quartiere Testaccio III, 1921 edifici semi-intensivi (Archivio dell'Ater, ex I.C.P. di Roma, Lungotevere Tor di Nona n°1)
Quarter Testaccio III, 1921 Semi-intensive Buildings (Archives of the *A.T.E.R.*, ex I.C.P. of Roma, Lungotevere Tor di Nona n°1)

Quartiere Piazza d'Armi I, 1922 edifici semi-intensivi (Archivio dell'Ater, ex I.C.P. di Roma, Lungotevere Tor di Nona n°1)
Quarter Piazza d'Armi I, 1922 Semi-intensive Buildings (Archives of the *A.T.E.R.*, ex I.C.P. of Roma, Lungotevere Tor di Nona n°1)

	Vertically divided "villini"	S. Saba 1907*	Garbatella 1921**	Garbatella 1923***	Garbatella 1925****
A	Structures, plastering, furnishings and systems	£ 8.042 € 6.390,20	£ 9.786 € 7.775,99	£ 7.110 € 5.649,63	£ 8.006 € 6.361,60
B	Roofing basements foundations	£ 3.048 € 2.421,95	£ 2.489 € 1.977,77	£ 2.139 € 1.699,65	£ 2.690 € 2.137,48
C	Ground and placement accessories	£ 1.976 € 1.570,13	£ 1.950 € 1.549,47	£ 1.252 € 994,84	£ 1.131 € 898,69
	TOTAL	£ 13.066 €10.382,30 €/mq 576,79	£ 14.225 €11.303,24 €/mq 627,95	£ 11.251 € 8.940,09 €/mq 496,6	£ 12.577 € 9.993,74 €/mq 555,20

* insulated; **single combinable ; *** pavilion with 2 dwellings; **** pavilion with 4 dwellings

Semintensivi	Testaccio III 1921*	Piazza d'Armi I 1922**	Piazza d'Armi I 1922***	Piazza d'Armi II 1926****
A Strutture, tamponamenti intonaci, arredamenti e impianti	£ 6.975 € 5.543,16	£ 6.469 € 5.141,03	£ 5.904 € 4.692,01	£ 7.022 € 5.579,71
B Coperture scantinati fondazioni	£ 1.492 € 1.185,71	£ 2.355 € 1.871,56	£ 2.305 € 1.831,82	£ 2.158 € 1.714,75
C Terreno e sistemazioni accessorie	£ 1.204 € 956,84	£ 1.243 € 987,83	£ 1.250 € 993,39	£ 1.339 € 1.063,97
TOTALE	£ 9.671 € 7.685,72 €/mq 426,98	£ 10.058 € 7.993,27 €/mq 444,07	£ 9.459 € 7.517,24 €/mq 417,62	£ 11.114 € 8.831,23 €/mq 490,62

* isolata: per il tipo in serie; ** isolata; *** la stessa in serie; **** (elemento a T di casa economica)

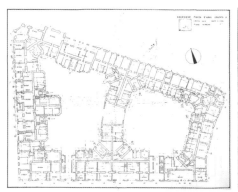 

Quartiere Piazza d'Armi II, 1926 edifici semi-intensivi (Archivio dell'Ater, ex I.C.P. di Roma, Lungotevere Tor di Nona n°1)
Quarter Piazza d'Armi II, 1926 Semi-intensive Buildings (Archives of the *A.T.E.R.*, ex I.C.P. of Roma, Lungotevere Tor di Nona n°1)

Quartiere Piazza d'Armi II, 1926 edifici semi-intensivi – vista dall'alto (Immagine TerraItaly™ by Pictometry – © Compagnia Generale Ripreseaeree)
Quarter Piazza d'Armi II, 1926 Semi-intensive Buildings – Aerial View (Imagee TerraItaly™ by Pictometry – © Compagnia Generale Ripreseaeree)

questa ragione, per essere più precisi, si indicherà in grassetto anche il valore monetario attualizzato, calcolato moltiplicando il valore in Lire dell'anno 1930 (cui si riferiscono i dati dell'ICP) per il coefficiente di rivalutazione monetaria pari a 1.538,568 (gennaio 2007), e poi convertendo il risultato in Euro dividendolo per 1.936,27.

Villini a divisione verticale	S. Saba 1907*	Garbatella 1921**	Garbatella 1923***	Garbatella 1925****
A Strutture, tamponamenti intonaci, arredamenti e impianti	£ 8.042 € 6.390,20	£ 9.786 € 7.775,99	£ 7.110 € 5.649,63	£ 8.006 € 6.361,60
B Coperture scantinati fondazioni	£ 3.048 € 2.421,95	£ 2.489 € 1.977,77	£ 2.139 € 1.699,65	£ 2.690 € 2.137,48
C Terreno e sistemazioni accessorie	£ 1.976 € 1.570,13	£ 1.950 € 1.549,47	£ 1.252 € 994,84	£ 1.131 € 898,69
TOTALE	£ 13.066 €10.382,30 €/mq 576,79	£ 14.225 €11.303,24 €/mq 627,95	£ 11.251 € 8.940,09 €/mq 496,6	£ 12.577 € 9.993,74 €/mq 555,20

* isolata; ** singola aggregabile; *** padiglione con 2 alloggi; **** padiglione con 4 alloggi

Quartiere San Saba I, 1907 villini a divisione verticale – vista dall'alto (Immagine TerraItaly™ by Pictometry – © Compagnia Generale Ripreseaeree)
Quarter San Saba I, 1907 *villini* vertically divided – Aerial View (Image TerraItaly™ by Pictometry – © Compagnia Generale Ripreseaeree)

Quartiere Garbatella, 1921 villini a divisione verticale – vista dall'alto (Immagine TerraItaly™ by Pictometry – © Compagnia Generale Ripreseaeree)
Quarter Garbatella, 1921 villini vertically divided – Aerial View (Image TerraItaly™ by Pictometry – © Compagnia Generale Ripreseaeree)

"Palazzine" (Small apartment buildings)	Via Sannio 1930*	Porta Latina (a T) 1927**	Porta Latina (a Y) 1927	Farnesina 1927***
A Structures, plastering, furnishings and systems	£ 7.746 € 6.155,00	£ 6.039 € 4.798,61	£ 6.841 € 5.435,88	£ 7.137 € 5.671,08
B Roofing basements foundations	£ 2.415 € 1.918,96	£ 2.068 € 1.643,24	£ 1.474 € 1.171,24	£ 2.524 € 2.005,58
C Ground and placement accessories	£ 3.406 € 2.706,42	£ 882 € 700,84	£ 790 € 627,73	£ 1.291 € 1.025,83
TOTAL	£ 13.657 €10.851,90 €/mq 602,88	£ 8.989 € 7.142,69 €/mq 396,81	£ 9.105 € 7.234,86 €/mq 401,93	£ 10.950 € 8.700,91 €/mq 483,38

* to be sold ; ** this typology is in many other locations; **** this typology is in many other locations

Quartiere Garbatella, 1923 villini a divisione verticale – vista dall'alto (Immagine TerraItaly™ by Pictometry – © Compagnia Generale Ripreseaeree)
Quarter Garbatella, 1923 villini vertically divided – Aerial View (Image TerraItaly™ by Pictometry – © Compagnia Generale Ripreseaeree)

Quartiere Garbatella, 1925 villini a divisione verticale – vista dall'alto (Immagine TerraItaly™ by Pictometry – © Compagnia Generale Ripreseaeree)
Quarter Garbatella, 1925 villini vertically divided – Aerial View (Image TerraItaly™ by Pictometry – © Compagnia Generale Ripreseaeree)

Palazzine		Via Sannio 1930*	Porta Latina (a T) 1927**	Porta Latina (a Y) 1927	Farnesina 1927***
A	Strutture, tamponamenti intonaci, arredamenti e impianti	£ 7.746 € 6.155,00	£ 6.039 € 4.798,61	£ 6.841 € 5.435,88	£ 7.137 € 5.671,08
B	Coperture scantinati fondazioni	£ 2.415 € 1.918,96	£ 2.068 € 1.643,24	£ 1.474 € 1.171,24	£ 2.524 € 2.005,58
C	Terreno e sistemazioni accessorie	£ 3.406 € 2.706,42	£ 882 € 700,84	£ 790 € 627,73	£ 1.291 € 1.025,83
	TOTALE	£ 13.657 € 10.851,90 €/mq 602,88	£ 8.989 € 7.142,69 €/mq 396,81	£ 9.105 € 7.234,86 €/mq 401,93	£ 10.950 € 8.700,91 €/mq 483,38

* destinata alla vendita; ** questa tipologia è presente in molte altre localizzazioni; **** questa tipologia è presente in molte altre localizzazioni

Via Sannio I, 1930 Palazzine – vista dall'alto (Immagine TerraItaly™ by Pictometry – © Compagnia Generale Ripreseaeree)
Via Sannio I, 1930 Palazzine – Aerial View (Image TerraItaly™ by Pictometry – © Compagnia Generale Ripreseaeree)

Porta Latina, 1927 Palazzine a "T" – vista dall'alto (Immagine TerraItaly™ by Pictometry – © Compagnia Generale Ripreseaeree)
Porta Latina, 1927 Palazzine with T-shape plan – Aerial View (Image TerraItaly™ by Pictometry – © Compagnia Generale Ripreseaeree)

	Horizontally divided "Villini"	Garbatella 1921*	S. Saba 1906**	Garbatella 1921
A	Structures, plastering, furnishings and systems	£ 6.349 **€ 5.044,94**	£ 7.816 **€ 6.210,62**	£ 7.298 **€ 5.799,02**
B	Roofing basements foundations	£ 1.826 **€ 1.450,94**	£ 3.722 **€ 2.957,51**	£ 2.033 **€ 1.615,43**
C	Ground and placement accessories	£ 2.430 **€ 1.930,88**	£ 1.895 **€ 1.505,77**	£ 2.698 **€ 2.143,84**
	TOTAL	£ 10.605 **€ 8.426,77** **€/mq 468,15**	£ 13.434 **€ 10.674,71** **€/mq 593,03**	£ 12.029 **€ 9.558,29** **€/mq 531,01**

* 4 dwellings without basement; ** land reclamation at San Saba was very expensive, as can be seen.

Porta Latina, 1927 Palazzine a "Y" – vista dall'alto (Immagine TerraItaly™ by Pictometry – © Compagnia Generale Ripreseaeree)
Porta Latina, 1927 Palazzine with Y-shape plan – Aerial View (Image TerraItaly™ by Pictometry – © Compagnia Generale Ripreseaeree)

Farnesina, 1927 Palazzine – vista dall'alto (Immagine TerraItaly™ by Pictometry – © Compagnia Generale Ripreseaeree)
Farnesina, 1927 Palazzine – Aerial View (Image TerraItaly™ by Pictometry – © Compagnia Generale Ripreseaeree)

Villini a divisione orizzontale		Garbatella 1921*	S. Saba 1906**	Garbatella 1921
A	Strutture, tamponamenti intonaci, arredamenti e impianti	£ 6.349 € 5.044,94	£ 7.816 € 6.210,62	£ 7.298 € 5.799,02
B	Coperture scantinati fondazioni	£ 1.826 € 1.450,94	£ 3.722 € 2.957,51	£ 2.033 € 1.615,43
C	Terreno e sistemazioni accessorie	£ 2.430 € 1.930,88	£ 1.895 € 1.505,77	£ 2.698 € 2.143,84
	TOTALE	£ 10.605 € 8.426,77 €/mq 468,15	£ 13.434 € 10.674,71 €/mq 593,03	£ 12.029 € 9.558,29 €/mq 531,01

* 4 alloggi senza scantinato; ** la bonifica del sottosuolo a San Saba fu, come si vede, molto onerosa

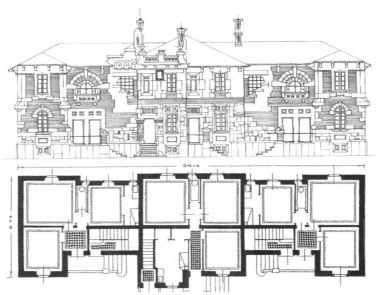

Quartiere Garbatella, 1921 villino a divisione orizzontale – Archivio Storico Capitolino
Quarter Garbatella, 1921 *villino* horizontally divided – Archivio Storico Capitolino

Quartiere San Saba I, 1906 villini a divisione orizzontale e verticale (immagine dell'autore)
Quarter San Saba I, 1906 *villini* horizontally and/or vertically divided (picture of the author)

which is calculated by multiplying the value in Lire of 1930 (to which the ICP data refer) for the coefficient of monetary revaluation equal to 1,538568 (January 2007), and then converting the result into Euro dividing it by 1.936,27.

Note that the cost of the foundations, or rather that for the reinforcement of the subsoil (reclamation) of the San Saba and Garbatella districts, with cata-

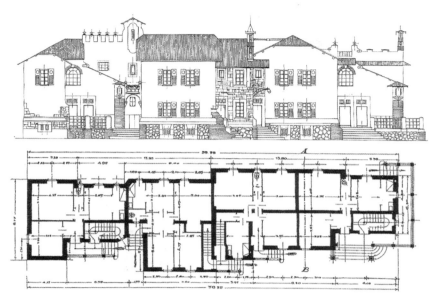

Quartiere Garbatella, 1921 villino a divisione orizzontale – Archivio Storico Capitolino
Quarter Garbatella, 1921 *villino* horizontally divided – Archivio Storico Capitolino

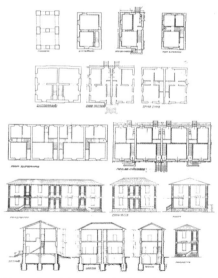

Quartiere San Saba I, 1906 villini a divisione orizzontale e verticale (disegni conservati presso l'Archivio dell'Ater, ex I.C.P.
di Roma, Lungotevere Tor di Nona n°1)
Quarter San Saba I, 1906 *villini* horizontally and/or vertically divided (drawings courtesy given by the Archivio dell'Ater,
ex I.C.P. of Rome, Lungotevere Tor di Nona n°1)

Si noti che il costo delle fondazioni, o meglio quello di consolida-
mento del sottosuolo (bonifica) dei quartieri di San Saba e Garbatella, carat-
terizzati dalla presenza di catacombe (S. Commodilla) e cave di Pozzolana,
ebbe una notevole incidenza sul costo di costruzione; ciononostante, solo nel

combs present (S. Commodilla) and Pozzolana sand pit, had a noteworthy affect on the construction cost, nonetheless, only in the case of *vertical-division "villini"* in Garbatella is the real construction cost slightly higher than that hypothesized in ordinary present-day building: again it is necessary to recall that the costs quoted in the preceding tables also include those for land and preparation of the outdoor areas, which are not provided for in the ISTAT assessment.

For the sake of fairness, then, if we repeat the above estimates eliminating the aforementioned costs in order to assess only the influence of the items taken into consideration for estimating the construction cost for current building, we obtain the following data:

From the data above it can be concluded that traditional building can reach a cost of 11,03% to 41,24% less than current residential building estimated

Intensive	Flaminio I 1908	Testaccio II 1917*	San Saba I 1910**	
A Structures, plastering, furnishings and systems	£ 6.463 € 5.135,52	£ 7.186 € 5.710,02	£ 8.516 € 6.766,85	
B Roofing basements foundations	£ 2.193 € 1.742,5	£ 2.201 € 1.748,92	£ 2.945 € 2.340,11	
TOTAL	£ 8.566 € 6.878,10 €/mq 382,11	£ 9.387 € 7.458,95 €/mq 414,38	£ 11.461 € 9.133,97 €/mq 507,44	
Semiintensive	Testaccio III 1921*	Piazza d'Armi I 1922**	Piazza d'Armi I 1922***	Piazza d'Armi II 1926****
A Structures, plastering, furnishings and systems	£ 6.975 € 5.543,16	£ 6.469 € 5.141,03	£ 5.904 € 4.692,01	£ 7.022 € 5.579,71
B Roofing basements foundations	£ 1.492 € 1.185,71	£ 2.355 € 1.871,56	£ 2.305 € 1.831,82	£ 2.158 € 1.714,75
TOTAL	£ 8.467 € 6.728,88 €/mq 373,82	£ 8.815 € 7.005,44 €/mq 444,07	£ 8.209 € 6.523,85 €/mq 362,43	£ 9.775 € 7.767,26 €/mq 431,51
Vertical-division "villini"	S. Saba 1907*	Garbatella 1921**	Garbatella 1923***	Garbatella 1925****
A Structures, plastering, furnishings and systems	£ 8.042 € 6.390,20	£ 9.786 € 7.775,99	£ 7.110 € 5.649,63	£ 8.006 € 6.361,60
B Roofing basements foundations	£ 3.048 € 2.421,95	£ 2.489 € 1.977,77	£ 2.139 € 1.699,65	£ 2.690 € 2.137,48
TOTAL	£ 11.090 € 8.812,17 €/mq 489,56	£ 12.275 € 9.753,77 €/mq 541,87	£ 9.999 € 7.945,25 €/mq 441,40	£ 11.446 € 9.095,04 €/mq 505,28
"Palazzine"/Small buildings	Via Sannio 1930*	Porta Latina(a T) 1927**	Porta Latina(a Y) 1927	Farnesina 1927***
A Structures, plastering, furnishings and systems	£ 7.746 € 6.155,00	£ 6.039 € 4.798,61	£ 6.841 € 5.435,88	£ 7.137 € 5.671,08
B Roofing basements foundations	£ 2.415 € 1.918,96	£ 2.068 € 1.643,24	£ 1.474 € 1.171,24	£ 2.524 € 2.005,58
TOTAL	£ 10.251 € 8.145,48 €/mq 452,52	£ 8.107 € 6.441,85 €/mq 357,88	£ 8.315 € 6.607,13 €/mq 367,06	£ 9.659 € 7.675,08 €/mq 426,39
Horizontally divided "villini"	Garbatella 1921*	S. Saba 1906**	Garbatella 1921	
A Structures, plastering, furnishings and systems	£ 6.349 € 5.044,94	£ 7.816 € 6.210,62	£ 7.298 € 5.799,02	
B Roofing basements foundations	£ 1.826 € 1.450,94	£ 3.722 € 2.957,51	£ 2.033 € 1.615,43	
TOTAL	£ 8.175 € 6.496,89 €/mq 360,88	£ 11.539 € 9.168,94 €/mq 509,38	£ 9.331 € 7.414,45 €/mq 411,91	

caso dei *villini a divisione verticale* della Garbatella, si registra un costo reale di costruzione leggermente superiore a quello ipotetico dell'edilizia comune di oggi: si sottolinea però ancora una volta che, i costi riportati nelle precedenti Tabelle, sono comprensivi anche dei costi per i terreni e per i lavori di sistemazione delle aree esterne, che nella valutazione dell'ISTAT non vengono contemplati.

Per equità, dunque, se ripetiamo le stime di cui sopra, eliminando i costi suddetti in modo da vagliare solo l'incidenza delle voci prese in considerazione per la stima del costo di costruzione dell'edilizia corrente, si vengono ad avere i seguenti dati:

Dagli elementi appena riportati se ne deduce che l'edilizia tradizionale può arrivare a costare dal 16,35% fino al 40,74% in meno rispet-

Intensivi	Flaminio I 1908	Testaccio II 1917*	San Saba I 1910**	
A Strutture, tamponamenti intonaci, arredamenti e impianti	£ 6.463 € 5.135,52	£ 7.186 € 5.710,02	£ 8.516 € 6.766,85	
B Coperture scantinati fondazioni	£ 2.193 € 1.742,5	£ 2.201 € 1.748,92	£ 2.945 € 2.340,11	
TOTALE	£ 8.566 € 6.878,10 €/mq 382,11	£ 9.387 € 7.458,95 €/mq 414,38	£ 11.461 € 9.133,97 €/mq 507,44	
Semintensivi	Testaccio III 1921*	Piazza d'Armi I 1922**	Piazza d'Armi I 1922**	Piazza d'Armi II 1926****
A Strutture, tamponamenti intonaci, arredamenti e impianti	£ 6.975 € 5.543,16	£ 6.469 € 5.141,03	£ 5.904 € 4.692,01	£ 7.022 € 5.579,71
B Coperture scantinati fondazioni	£ 1.492 € 1.185,71	£ 2.355 € 1.871,56	£ 2.305 € 1.831,82	£ 2.158 € 1.714,75
TOTALE	£ 8.467 € 6.728,88 €/mq 373,82	£ 8.815 € 7.005,44 €/mq 444,07	£ 8.209 € 6.523,85 €/mq 362,43	£ 9.775 € 7.767,26 €/mq 431,51
Villini a divisione verticale	S. Saba 1907*	Garbatella 1921**	Garbatella 1923***	Garbatella 1925****
A Strutture, tamponamenti intonaci, arredamenti e impianti	£ 8.042 € 6.390,20	£ 9.786 € 7.775,99	£ 7.110 € 5.649,63	£ 8.006 € 6.361,60
B Coperture scantinati fondazioni	£ 3.048 € 2.421,95	£ 2.489 € 1.977,77	£ 2.139 € 1.699,65	£ 2.690 € 2.137,48
TOTALE	£ 11.090 € 8.812,17 €/mq 489,56	£ 12.275 € 9.753,77 €/mq 541,87	£ 9.999 € 7.945,25 €/mq 441,40	£ 11.446 € 9.095,04 €/mq 505,28
Palazzine	Via Sannio 1930*	Porta Latina(a T) 1927**	Porta Latina(a Y) 1927	Farnesina 1927***
A Strutture, tamponamenti intonaci, arredamenti e impianti	£ 7.746 € 6.155,00	£ 6.039 € 4.798,61	£ 6.841 € 5.435,88	£ 7.137 € 5.671,08
B Coperture scantinati fondazioni	£ 2.415 € 1.918,96	£ 2.068 € 1.643,24	£ 1.474 € 1.171,24	£ 2.524 € 2.005,58
TOTALE	£ 10.251 € 8.145,48 €/mq 452,52	£ 8.107 € 6.441,85 €/mq 357,88	£ 8.315 € 6.607,13 €/mq 367,06	£ 9.659 € 7.675,08 €/mq 426,39
Villini a divisione orizzontale	Garbatella 1921*	S. Saba 1906**	Garbatella 1921	
A Strutture, tamponamenti intonaci, arredamenti e impianti	£ 6.349 € 5.044,94	£ 7.816 € 6.210,62	£ 7.298 € 5.799,02	
B Coperture scantinati fondazioni	£ 1.826 € 1.450,94	£ 3.722 € 2.957,51	£ 2.033 € 1.615,43	
TOTALE	£ 8.175 € 6.496,89 €/mq 360,88	£ 11.539 € 9.168,94 €/mq 509,38	£ 9.331 € 7.414,45 €/mq 411,91	

at € 609,00/sm! In addition to the above, if the high costs for foundations in the Garbatella as well as San Saba buildings had been taken into account, the construction cost would have turned out to be much lower.

One of the reasons for such low costs, other than the fact that there were greater competition and more specialized workers than at present, is that the builder of those buildings did not require long "waiting times" as is the case for current building which, using reinforced concrete exclusively, means that the floors cannot be loaded before the load-bearing structures are determined: longer work times lead to costs due to labour.

The data kept in the ICP archives[91] show that despite the problems created by underground cavities, the Garbatella and San Saba buildings were constructed and put into use in periods that rarely exceeded 6 months!

But there is more. The mentioned apartment buildings are from 77 to 101 years old and, despite their venerable ages and the fact that they are public housing, many of them have never required maintenance by the owners, because they were constructed with traditional techniques wisely used. Perhaps now, because some ordinary maintenance is needed (above all, outside painting), or more likely because, as history teaches us, it is necessary to provide for balancing ATER accounts and build new buildings, the Institute has put these buildings up for sale at costs which, according to the specialized journals, are around 8.000 €/sm.

But the selling cost, according to the real-estate exchange, is that applied to so-called quality and luxury construction, because of the qualitative features mentioned. If that is true, as indeed it is, we should have considered the luxury building cost in our comparative analysis, rather than the cost of current construction, i.e. €/sm.1.077,00, obtaining a cost difference that goes from **49,69%** to **66,78%**! Finally, if we had considered the abovementioned cost of the bio-architecture, the saving would have reached 71%!!!

Differently from those buildings that originated as public housing and are not considered luxury facilities, today's constructions, just 5 – 10 years after they were built, requires more or less expensive maintenance, costs which, when public housing is involved, are covered by all of us through our taxes!

Once more to clarify what is claimed, it is provided a table indicating the incidence of current costs for restructuring buildings adjusted to 1 January 2007, according to the resolution of the Council of the Order of Architects of Rome and the Province of 31 January 2007:

[91] Lungotevere Tor di Nona Office.

to all'edilizia corrente stimata in € 609,00/mq! In aggiunta a quanto sopra, se avessimo tenuto in considerazione gli elevati costi per le fondazioni che si dovettero sostenere negli edifici della Garbatella come in quelli di San Saba, il costo di costruzione sarebbe risultato ancora più basso.

Una delle ragioni dei costi così contenuti – oltre al fatto che a quell'epoca ci fosse maggiore concorrenza ed una manodopera specializzata molto più numerosa di quella attuale – è da ascriversi al fatto che l'edificazione di quegli edifici non richiedeva i lunghi "tempi d'attesa" dell'edilizia corrente. Quest'ultima, infatti, utilizzando esclusivamente il cemento armato, impedisce la possibilità di caricare i solai prima della maturazione delle strutture portanti: l'allungarsi dei tempi di lavorazione porta su i costi dovuti alla manodopera.

I dati conservati presso l'Archivio dell'ICP[91] dimostrano invece che, nonostante le avversità dovute alle cavità sotterranee, gli edifici di Garbatella e San Saba sono stati costruiti, ed utilizzati, in tempi che raramente superano i 6 mesi!

Ma c'è di più. Gli immobili menzionati hanno dai 77 ai 101 anni di vita e, nonostante la loro veneranda età, e il fatto che si tratti di edilizia popolare, molti di loro non sono mai stati oggetto di interventi di manutenzione da parte della proprietà, perché sono stati saggiamente costruiti in tecnica tradizionale. E questo emerge soprattutto oggi. Infatti, a seguito dell'esigenza di provvedere ad opere di manutenzione ordinaria (più che altro si tratta di semplice tinteggiatura degli esterni), o più probabilmente per sanare il deficit dell'ATER e poter costruire nuove case, l'Istituto ha messo in vendita quegli edifici a costi che, stando alle riviste specializzate, si aggirano intorno agli 8.000 €/mq.

Ma questo prezzo di vendita, secondo il borsino immobiliare, è quello applicato per le residenze di lusso, ed è dovuto alla qualità edilizia. Se ciò è vero, come lo è, avremmo dovuto considerare il costo di costruzione degli edifici di lusso piuttosto che quello dell'edilizia ordinaria, ovvero €/mq.1.077,00, ottenendo una differenza di costi che va dal **49,69%** al **66,78%**! Se poi avessimo preso in considerazione quello della bioedilizia, il risparmio sarebbe arrivato fino al **71%**!!!

Diversamente da quegli edifici "popolari" non considerati originariamente di lusso, l'edilizia corrente già 5 – 10 anni dopo l'ultimazione dei lavori, richiede più o meno costosi interventi manutentivi … costi che, quan-

---

[91] Sede di Roma, Lungotevere Tor di Nona n°1.

It follows that, if this cost is €/mc 206,00, it is dramatically evident that

restructuring buildings	market cost €/mc v.p.(empty/full)
- R10 simple replacement of plumbing	42,00
- R20 improvement plumbing and other systems..	71,00
- R30 adaptation plumbing with new flooring	119,00
- R40 improvement plumbing with distribution changes	143,00
- R50 total restructuring of the apartment building	206,00

restructuring apartment buildings can have an incidence of €/sm 618,00 on the cost.

At this point something doesn't add up, and not only financially speaking, but also concerning the idea that people have of building today … public housing in particular.

In a recent dispute over the possible relation between the Social Housing complex of *Corviale* and the Rome lower-class' districts of the last century's beginning, during which they referred about all sorts of damages caused by the "*Serpentone*"[92], someone replied arguing his position by using phrases coming from the modernist ideology, according which we were "educated": «*Don't you think that for the people who live in Corviale that building was salvation? Don't you believe that it is better to have had Corviale than be without a home! When there is an urgent need for housing, some sacrifices have to be made!*»

This person, and those who do not believe in what this essay is arguing, can be answered only with facts demonstrating what we're talking about.

Navigating in Internet in search of more detailed information about *Corviale*, it is possible to came upon the site of Rome Municipality XV[93]. Here it is possible to have a confirm of the fact that the accounts and ideas about Corviale do not add up at all!

In the site, it is written that, in a speech at a convention held in Naples in 2003 the President of the Fifteenth Municipality of Rome, Giovanni Paris,

---

[92] "*Big Snake*" the roman nickname for the public housing complex *Corviale*

[93] www.arvalia.net

La città sostenibile è possibile
Una strategia possibile per il rilancio della qualità urbana e delle economie locali
Ettore Maria Mazzola

do riguardano l'edilizia pubblica, vengono coperti da tutti noi con le nostre tasse!

Sempre per fare chiarezza su quanto si sostiene, si riporta di seguito una tabella indicante l'incidenza dei *costi correnti per ristrutturazioni di edifici*, adeguati al 1° gennaio 2007, secondo quanto riportato dalla Delibera di Consiglio dell'Ordine degli Architetti di Roma e Provincia del 31 gennaio 2007:

Ne consegue che, se questo costo è di €/mc 206,00, emerge drammati-

ristrutturazione edifici	costo di mercato €/mc v.p.
- R10 semplice sostituzione di servizi igienici	42,00
- R20 adeguamento servizi igienici e impianti	71,00
- R30 adeguamento servizi igieni con rifacimento pavimenti	119,00
- R40 adeguamento servizi igienici con varianti distributive	143,00
- R50 ristrutturazione totale dell'immobile	206,00

camente che gli interventi di ristrutturazione degli immobili possono arrivare ad avere un'incidenza al metro quadrato di € 618,00.

A questo punto i conti non tornano proprio. E non tornano solo quelli economici, ma anche quelli relativi all'idea che oggi si ha dell'edilizia … in special modo di quella popolare.

Recentemente, in una discussione sulla possibile relazione tra il *Corviale* e i quartieri popolari della Roma di inizio secolo, nella quale si criticavano i danni di ogni tipo generati dal *"Serpentone"*[92], qualcuno ebbe modo di dissentire utilizzando le tipiche frasi dell'ideologia modernista nella quale siamo stati "educati": «*Non pensate che per la gente che vive al Corviale quell'edificio sia stata una salvezza? Non ritenete che sia stato meglio avere avuto il Corviale che essere senza una casa! Quando c'è urgenza di alloggi a qualcosa bisogna pure rinunciare!*»

A questa persona, e a chi non crede a ciò che si sta argomentando in questo saggio, si può rispondere solo documentando con i fatti ciò che si sostiene.

---

[92] *"Il Serpentone"* è il soprannome dato dai romani al complesso popolare di Corviale.

told the story of the "eco-monster" and, in the Chapter entitled *"Le Vicende"*, speaking of the time need to prepare the dwellings, he stated: «*If work begins […] in May 1975, the first lodgings, 122 apartments of the Third lot, are made available only after seven years, on 7 October 1982. In actual fact, the work was completed two years earlier than that, but these apartments, left unprotected for too long, had been devastated by vandals: doors off their hinges, plumbing torn out, paper stripped off, writings on the walls, broken panes are the result of delays and malfunction in IACP. The works for the other Corviale lots were suspended due to the bankruptcy of the firm Salice assigned to perform the works*». Going ahead, on the subject of the accounts, the President recalled that «*the construction cost, originally estimated to be 23 billion Lire before 1975, had, in 1982 already risen to £ 91.000.000.000!*».

These data, converted into Euro and reassessed to present-day parameters, give an expenditure of € 139.415.438,34!!!

Considering the fact that the work consists of 703.248 cubic meters, making the same checks as were made for the other building complexes, we can easily ascertain a price of € 198,24/mc, that is, € 594,73/sm, in other words a price higher than for any of the jobs previously listed, but with some not inconsiderable aggravating circumstances:

1. Corviale has never been completed;
2. the accounts listed here are not definitive;
3. the *social costs* of Corviale are incalculable. On this point, it is important to give thought to the words of Anna Lombardi in her article *"Corviale, uno sbaglio lungo un chilometro[94]"*: «*The project was proposed on July '72, five days after the date precisely set by the historian of architecture Charles Jencks for the death of those utopias, at 3.32 p.m. of 15 July of that year, with the destruction of the immense complex Pruitt-Igoe in Saint Louis, "an uninhabitable environment, harmful to its low-income residents"*» […] «*Left on their own devices, the inhabitants of Corviale have held out. Thrown into a structure they did not understand, evicted from a thousand suburbs, they have struggled for the most elementary things: a bus stop, intercoms, a pharmacy. Mothers have fought against heroin, taking turns patrolling drug-dealing spaces. Some of them left, selling their quarters illegally assigned or occupied, for a few million lire*».

[94]Anna Lombardi, *"Uno sbaglio lungo un chilometro"* [tr. note: A Kilometer-long Mistake] in: *La Repubblica delle Donne*, August 2003.

Navigando in Internet alla ricerca di notizie più dettagliate sul *Corviale*, è possibile imbattersi nel sito del Municipio Roma XV[93]: lì è possibile avere conferma del fatto che i conti e le idee sul *Corviale* non tornano affatto!

Nel sito si può leggere la storia dell'"eco-mostro" come l'ha raccontata Giovanni Paris, Presidente del XV Municipio di Roma, intervenuto ad un convegno tenutosi a Napoli nel 2003. In particolare, nel capitolo intitolato "*Le Vicende*", trattando dei tempi di consegna degli alloggi egli affermava: «*Se i lavori iniziano [...] nel maggio del 1975, le prime case, 122 appartamenti del III lotto, sono consegnate soltanto dopo sette anni, il 7 ottobre 1982. In realtà i lavori erano terminati due anni prima, ma questi appartamenti per troppo tempo incustoditi, erano stati devastati da vandali. Porte scardinate, servizi divelti, carta strappata, scritte sui muri, vetri infranti sono il risultato dei ritardi e disfunzioni dello IACP. I lavori per gli altri lotti di Corviale furono sospesi per il fallimento dell'impresa Salice II incaricata dell'esecuzione*». Andando avanti, riguardo ai conti, lo stesso Presidente ricordava come «*il costo di costruzione, inizialmente stimato in 23 miliardi di Lire prima del 1975, nel 1982 era già cresciuto a £ 91.000.000.000!*».

Questi dati, tradotti in Euro e rivalutati ad oggi, portano ad una spesa di € 139.415.438,34!!!

A questo punto, considerando che l'intervento consta di metri cubi 703.248, andando a fare le stesse verifiche fatte per gli altri complessi edilizi, si

Roma, il Corviale, l'edificio lungo un chilometro-vista dall'alto (Immagine TerraItaly™ by Pictometry – © Compagnia Generale Ripreseaeree)
Roma, "Corviale", a kilometer-long building - aerial view (Immagine TerraItaly™ by Pictometry – © Compagnia Generale Ripreseaeree)

può prendere atto che la spesa sostenuta è di € 198,24/mc, ovvero € 594,73/mq, vale a dire un prezzo superiore a qualsivoglia complesso popolare di quelli precedentemente elencati ... ma con qualche aggravante non indifferente:

1. il Corviale non è mai stato ultimato;
2. i conti riportati non sono quelli definitivi;
3. i *costi sociali* di Corviale non sono calcolabili. Anzi, a proposito di questo punto, si ritiene importante riflettere sulle parole di Anna Lom-

93 www.arvalia.net

The sustainable city is possible
A possible strategy for recovering urban quality and local economies
Ettore Maria Mazzola

15 luglio 1972, distruzione a Saint Louis dell'immenso complesso Pruitt-Igoe
July 15th 1972, demolition of the immense complex Pruitt-Igoe in Saint Louis

At this point a consideration is opportune: while those who handle public funds – whether in good or in bad faith –– are unlikely to worry about avoiding this waste, (it should be recalled that the Codice di Procedura Civile [Civil Procedure Code] would oblige whoever administers us as a *"good head of family"*[95], that is, handle the money of others, striving to reduce superfluous expenses), public opinion – perhaps because it is lazy or because it is concerned with other matters – does not gain awareness of the financial management of those who administer public resources until they come face to face with egregious facts that obliged them to reflect ... but then, everything passes and one begins all over again.

This *modus vivendi* leads us to constant "haemorrhaging" due to the costs of building and maintaining "modern" public buildings and "modern" districts served up by contemporary building industry, costs which are sustained with our taxes ... not including their social cost: isn't it about time to stop and take a new look at our habits?

---

[95] In the Chapter – *Obbligazioni del Mandatario*, art. 1710 (*Diligenza del mandatario*) it is written: «*The person charged with the mandate is expected to carry it out* (2030, 2392, 2407, 2608) *with the diligence of a good head of family*» (1176 – *diligence in carrying out*).

15 luglio 1972, distruzione a Saint Louis dell'immenso complesso Pruitt-Igoe
July 15th 1972, demolition of the immense complex Pruitt-Igoe in Saint Louis

bardi nel suo saggio *"Corviale, uno sbaglio lungo un chilometro*[94]*"*: «*il progetto fu proposto il 20 luglio '72, cinque giorni dopo la data fissata con precisione dallo storico dell'architettura Charles Jencks per la morte di quelle utopie, alle 15,32 del 15 luglio di quell'anno, con la distruzione a Saint Louis dell'immenso complesso Pruitt-Igoe, "ambiente inabitabile, deleterio per i suoi residenti a basso reddito"*» [...] «*Abbandonati a se stessi, gli abitanti di Corviale hanno resistito. Paracadutati in una struttura che non comprendevano, sfrattati dalle mille periferie, hanno lottato per le cose più elementari: la fermata dell'autobus, i citofoni, la farmacia. Le mamme hanno lottato contro l'eroina presidiando a turno i luoghi di spaccio. C'è chi è andato via, vendendo, illegalmente, la casa assegnata o occupata, per un pugno di milioni*».

A questo punto torna opportuno fare una considerazione: mentre chi gestisce il denaro pubblico – che sia in buona come in cattiva fede – difficilmente si preoccupa di evitare questi sprechi, (si rammenta che il Codice di Procedura Civile obbligherebbe chi ci amministra a comportarsi come il *"buon padre di famiglia*[95]*"*, ovvero a gestire il denaro altrui tendendo a ridurre le spese superflue), l'opinione pubblica – vuoi perché è pigra, vuoi perché distratta da altre cose – non prende coscienza della gestione economica di chi

[94] Anna Lombardi, *"Uno sbaglio lungo un chilometro"* in: *La Repubblica delle Donne*, Agosto 2003.
[95] infatti nel capitolo – *Obbligazioni del Mandatario*, art. 1710 (*Diligenza del mandatario*) si legge: «*Il mandatario è te-

Energy costs

Thus, finally, even the most unwilling people have had to face the fact that the planet is on its last legs!

«*Global warming is a certainty and human activity is the main cause*». This is the conclusion of the Intergovernmental Council on Climate Change (IPCC). Now it is sure that greenhouse gas emissions, aside from natural variations, are contributing to the overheating of the planet. This has been confirmed by the 500 experts of the IPCC meeting in Paris to draw up the Conclusions of the fourth UN report on the climate, presented 2 February 2007. «*This report closes the door on those who think that can minimize the matter and it puts an end to the uncertainty and doubt about the role of people in climate change - said Achim Steiner, the Managing Director of the United Nations Environmental Programme*»[96].

Apparently these data have given food for thought even to hostile personalities such as George Bush about the need to take a new look at energy consumption and our production of greenhouse gasses in the atmosphere … What a miracle!!

Observe that these emissions are not produced solely by industry and motor vehicles: indeed, the buildings born of modernist ideology have a huge responsibility!

Homes, or even cities, in which it would be unthinkable to live without air conditioning "spewed out on you": can anyone imagine switching off air conditioning in places like Las Vegas, Phoenix or Dubai? Do you thing survival is possible in buildings totally lined with glass, or titanium slabs?

Since the nineteen twenties, when the problem of global warming was not even conceived of, the Municipal Labour Office of Rome, in charge of economical and public housing, pointed out that the new "modern" walls of the buildings caused not a few heating and cooling problems inside: «*The buildings of ancient construction were better protected from outside heat and cold, because they had thicker walls; now, the question of economy and haste to build lead to thinner walls, which consequently offer less protection from outside temperatures, offering excess heat in the summer and cold in the winter*»[97].

Now, however, regulations are being made that, theoretically speaking, would require "*low-consumption buildings*" … however, among postponements and "escape clauses", the proliferation of buildings that use

---

[96]Taken from: *UN – warming caused by human activity*, published on-line on 2 February, 2007 by www.unimondo.org.

[97] *Il problema edilizio. Per la costruzione di nuove case provvedimenti and programmi*. Under the auspices of the Ufficio Municipale del Lavoro, Rome 1920.

La città sostenibile è possibile
Una strategia possibile per il rilancio della qualità urbana e delle economie locali
Ettore Maria Mazzola

amministra la cosa pubblica, se non quando viene a trovarsi davanti a fatti eclatanti che la obbligano a riflettere … ma poi tutto passa e si ricomincia. Questo *modus vivendi* ci porta ad un "dissanguamento" costante, generato dagli ingenti costi di costruzione e manutenzione dei "*moderni*" edifici e "quartieri" pubblici propinatici dall'edilizia contemporanea, costi che vengono sostenuti con le nostre tasse … senza contare il loro costo sociale: non sarebbe il caso di smetterla e di rivedere le nostre consuetudini?

Costi energetici

E così, finalmente, anche i più restii hanno dovuto rendersi conto che il pianeta è arrivato al capolinea!

«*Il riscaldamento globale è una certezza e l'attività umana ne è la causa principale*». E' questa la conclusione del Consiglio Intergovernativo sui Cambiamenti Climatici (IPCC). E' ormai certo che le emissioni di gas serra, oltre alle variazioni naturali, contribuiscono al surriscaldamento del pianeta, questo è quanto hanno affermato i 500 esperti dell'IPCC riuniti a Parigi per tirare le conclusioni del quarto rapporto ONU sul clima, presentato il 2 febbraio 2007. «*Questo rapporto chiude le porte a coloro che potevano sminuire la questione e mette fine all'incertezza e al dubbio circa il ruolo dell'uomo nel cambiamento di clima - ha detto Achim Steiner, direttore esecutivo del programma dell'ambiente delle Nazioni Unite*»[96].

Apparentemente, questi dati hanno portato a far riflettere persino personaggi ostili come George Bush circa la necessità di rivedere i nostri consumi energetici e la nostra produzione di gas serra nell'atmosfera … ci sarebbe da gridare al miracolo!!

Si badi che queste emissioni non sono prodotte dalle sole industrie ed autovetture: infatti, una cospicua responsabilità ce l'hanno gli edifici figli dell'ideologia modernista!

Case, o addirittura città, all'interno delle quali non si potrebbe vivere senza immaginare di avere l'aria condizionata "sparata a palla": immaginate sia mai possibile spegnere i condizionatori d'aria in luoghi come Las Vegas, Phoenix o Dubai? Pensate sia possibile sopravvivere in edifici interamente rivestiti in vetro o lastre di titanio?

Sin dagli anni '20 del secolo scorso, quando il problema del surriscaldamento terrestre non era neanche immaginato, l'Ufficio Municipale del La-

---

nuto a eseguire il mandato (2030, 2392, 2407, 2608) *con la diligenza del buon padre di famiglia*» (1176 – *diligenza nell'adempimento*).

[96] Estratto da: *Onu – il surriscaldamento è causato dall'attività umana*, pubblicato on-line il 2 febbraio, 2007 da www.unimondo.org.

high-energy-consumption materials continues, and when action is taken to limit consumption and harmful emissions, new technologies are used that attempt to recreate the conditions of traditional construction artificially. Moreover, these technologies, as a product of industry, need long and polluting transportations, from manufacturing to installation.

We would suggest to anyone who does not believe in what we're saying that he or she check – limiting himself or herself to the Rome area – to see if the character and materials of buildings such as the Museum of the Ara Pacis of Meier, the so-called *Transgressive Museum* by Odile Decq in the former Peroni Brewery, The Museum of Contemporary Art by Zaha Hadid, the Auditorium by Renzo Piano, the Convention Center under construction, by Massimiliano Fuksas, the *"upgrading"* works of the ex-Central Markets by Rem Koolhaas meet the minimum prerequisites in order to be called *"ecological"* or *"sustainable"*…

Unfortunately for our politicians, the desire for publicity is much stronger than the interests of the community, so the architects of the "starsystem" feel that they can legitimately leave their mark on the territory, with no concern for the effect their work will have on the environment and the people!

Then some critic willing to help them out *spews out some nonsense* in specialized books and journals – sponsored by the building industry – telling us how ecological and how exceptional the quality of the designer architecture they create is, and that everyone will live happily and contentedly.

The A.N.A.B. (*Associazione Nazionale Architettura Bioclimatica*) [National Association of Bioclimatic Architecture] has a different idea, however: «*They will increase the operating costs for a conventional edifice again and again! Given the dearth of energy resources, the only way people can protect themselves from the climatic conditions surrounding them, is through architecture itself!*»

So now, everyone is talking about *bio-climatic, bio-ecological architecture, the eco-sustainability of architecture, bio-sustainability budget*, etc. … but wouldn't it be quicker to use another subject such as THE NEED FOR A RETURN TO TRADITIONAL ARCHITECTURE ??? And then, let us ask ourselves, are the buildings presented to us really that *eco-sustainable*?

Basically, the materials and products fit for an *eco-sustainable building*, should meet the following requirements:
1. They can be re-generated and come from various natural sources;
2. they can be produced with a low, negative impact on the environment;

voro di Roma, responsabile delle costruzioni economiche e popolari, faceva notare come le "*moderne*" pareti degli edifici presentassero non pochi problemi di riscaldamento e raffreddamento al loro interno: «*Le case di antica costruzione erano meglio protette dal calore e dal freddo esterno, perché con muri di grande spessore: oggi la questione economica e la fretta di costruire erigono muri più sottili, che quindi riparano meno dalla temperatura esterna, onde si può avere troppo caldo d'estate, e troppo freddo d'inverno[97]*».

Fortunatamente però, oggi esistono delle norme che, almeno in linea teorica, imporrebbero "*edifici a basso consumo*". ... Tuttavia, tra proroghe e "scappatoie", continuiamo a veder proliferare edifici che utilizzano tecnologie e materiali ad alto consumo energetico, e dove si interviene per contenere consumi ed emissioni nocive, si utilizzano nuove tecnologie che cercano artificiosamente di ricreare le condizioni dell'edilizia tradizionale e che, a causa della loro produzione industriale, necessitano di lunghi e inquinanti trasporti, dalla produzione alla messa in opera.

A chi non creda a queste parole si suggerisce di provare a verificare – limitandosi al solo ambito romano – se il carattere e i materiali di edifici come il Museo dell'Ara Pacis di Meier, il cosiddetto *Museo Trasgressivo* di Odile Decq all'ex stabilimento Peroni, il Museo d'Arte Contemporanea di Zaha Hadid, l'Auditorium di Renzo Piano, il costruendo Centro Congressi di Massimiliano Fuksas, il realizzando intervento di "*riqualificazione*" degli Ex Mercati Generali di Rem Koolhaas rispondano ai requisiti minimi per definirsi "*ecologici*" o "*sostenibili*"...

Purtroppo, per i nostri politici, la fama di pubblicità supera di gran lunga gli interessi della collettività, così gli architetti dello "star-system" si sentono legittimati ad apporre la loro firma sul territorio, noncuranti dell'effetto che i loro interventi potranno avere sull'ambiente e sulle persone!

Infine, certamente qualche critico compiacente *sparerà due balle* su libri e riviste specializzate – sponsorizzate dall'industria edilizia – e riuscirà a farci credere dell'ecologicità e delle eccezionali qualità dell'intervento griffato, e tutti saranno felici e contenti.

L'A.N.A.B. (*Associazione Nazionale Architettura Bioclimatica*) però denuncia: «*Aumenteranno sempre più i costi di esercizio di un edificio convenzionale! Di fronte alla scarsità di risorse energetiche, l'unico modo in cui l'uomo può proteggersi dalle condizioni climatiche ambientali è attraverso l'architettura stessa!*»

Così oggi è un gran parlare di *Architettura Bio-climatica, Architettura Bio-ecologica, Eco-sostenibilità dell'architettura, bilancio bio-sostenibile*, ecc. ... ma non si farebbe prima ad utilizzare argomenti come la NECESSITÀ DI UN RITOR-

---

[97] *Il problema edilizio. Per la costruzione di nuove case provvedimenti e programmi.* A cura dell'Ufficio Municipale del Lavoro, Roma 1920.

3. they must pollute little, and so not emit harmful toxic substances either in the production or in the use phases. (On this subject, if we simply limited ourselves to thinking about the quantity of emissions required to transport experimental materials, as suggested by some of the bio-architects, which are produced far away from where they are used, we could let out a groan worthy of Mickey Mouse: *Ugh!*);
4. little power must be consumed to produce, transport and make use of them (see above);
5. they must guarantee *durability* and *maintainability* for the various products to avoid energy and financial waste;
6. they must turn out to be good conservers of energy.

In the light of these premises then *bio-architecture* is considered a vision of design that concerns itself with *bio-compatible* and *eco-sustainable* creations.

If, however, we take a look at the architectural productions of this movement, as it was mentioned in the preceding comments, we discover, as people are used to saying, *they do not practice what they preach.*

Their buildings all have the same, sinister, modernist appearance, glassed surfaces (well known as a source of heat dissipation) with the excuse that in cold countries it is necessary to bring as much sun as possible into the spaces, and this attitude prevails. What is most disturbing is that all the materials used come from industrial experimentation – in production which is absolutely alien to the idea of putting local economies back on their feet – all the materials used, advertised in specialized journals and websites, involve products that require a noteworthy expenditure of energy for their manufacture, and since they are produced in areas extremely far from the worksites, they require huge sums for motor-vehicle transport, all of which is translated into oil consumption and air pollution.

On that subject, even where bio-architecture is not involved, it is useful to direct attention to the highly praised glass panes of the horrible new Museum of the Ara Pacis in Rome, which were produced in England and Germany, and the same is true for the plaster work[98]!

---

[98] «*The white Sto-Verotec* plaster (made in Germany – n.d.r.), *originally a traditional material, is here used on recycled glass in dimensions that had never been used in Italy. Characteristic is the extreme smoothness, obtained through seven layers of material on a glass grid, and the "self-cleaning" reaction to atmospheric agents. The tempered glass that encloses the Ara, manufactured by the English company Pilkington's Optic-White and the German firm Interplane Glas, is made up of two layers, each 12 mm, separated by a space of argon with a layer of noble metal ions to filter out light rays. Its technology, aimed at obtaining the best possible relationship between aesthetic rendering, transparency, sound-absorption, heat insulation and light filtering reaches the limit of possible technical devices. The internal microclimate depends on a complex air-conditioning plant*». Taken from "*Ara Pacis, Ara Civium Scopriamo il futuro della storia*" – presentation of the Museum by the City of Rome Councillorship.

NO ALL'ARCHITETTURA TRADIZIONALE??? E poi, chiediamoci: ma gli edifici che ci vengono presentati come *eco-sostenibili* lo sono davvero?

Sostanzialmente, i materiali e i prodotti adatti ad un'edilizia eco-sostenibile dovrebbero rispettare i seguenti requisiti:

1. essere rigenerabili e provenire da diverse fonti naturali;
2. essere prodotti con basso impatto negativo sull'ambiente;
3. risultare poco inquinanti, quindi non emettere sostanze tossiche nocive, né in fase di fabbricazione, né al momento dell'uso. (A questo proposito, se semplicemente ci limitassimo a pensare al quantitativo di emissioni necessarie per il trasporto dei materiali sperimentali suggeriti da alcuni bio-architetti, che come tali vengono prodotti industrialmente lontanissimo dai luoghi d'impiego, potremmo emettere un'esclamazione di sgomento alla Topolino: *Agh*!);
4. deve essere usata poca energia per la loro produzione, trasporto e uso (vedi sopra);
5. devono garantire *durabilità* e *manutenibilità* dei diversi prodotti, al fine di evitare sprechi energetici ed economici;
6. devono risultare buoni conservatori di energia.

Alla luce di queste premesse dunque, la *Bioarchitettura* si considera come una visione progettuale che si preoccupa di intervenire sull'ambiente in maniera *bio-compatibile* ed *eco-sostenibile*.

Se però andassimo ad analizzare la produzione architettonica di questo *movimento*, come si è precedentemente accennato, scopriremmo che, come si suol dire, *si predica bene ma si razzola male*.

Gli edifici hanno tutti il solito, sinistro, aspetto modernista, le superfici vetrate (notoriamente fonti di dispersione termica), con la scusa che nei paesi freddi è necessario fare entrare più sole possibile all'interno degli ambienti, la fanno da padrone. Ma quello che più disturba è il fatto che tutti i materiali utilizzati siano frutto di sperimentazione industriale – produzione assolutamente aliena dall'idea di rilancio delle economie locali – tutti i materiali impiegati e pubblicizzati sulle riviste specializzate e sui siti web, riguardano prodotti che richiedono un notevole dispendio energetico in fase di generazione e, a causa della loro produzione in luoghi remotissimi dai cantieri edili, richiedono un immane costo di trasporto su gomma, il che si traduce in consumo di petrolio e inquinamento atmosferico.

A tal proposito, anche se non si tratta *bio-architettura*, si rammenta che le tanto osannate vetrate dell'orribile Museo dell'Ara Pacis a Roma sono state prodotte in Inghilterra e Germania. Altrettanto dicasi per i suoi intonaci[98]!

We extend a warm invitation, to anyone who does not believe it, to look in internet to find even one *eco-sustainable* material, among those proposed by the *"bio-architects"* that can be manufactured and used where it is to be utilized.

On this aspect, it would be useful to recall that, at least until 1927, it was considered proper to take account of the following in the design phase:

«[…] *As long as people are people, made up of dimensions, needs, habits, many devices that had been good in the past are still good now […] it is quite seldom that the ancients are not capable of supplying, transforming or even with the intention of reversing, an idea for the researcher's work. It would be unjust and (in our opinion) even fatal for art, if, in the design of present-day buildings the climate and the environment in various parts of our country were not taken into account»*[99].

This criticism is not intended to aim at destroying *Bio-architecture*, but simply to make people reflect on the rhetoric of a big part of those who preach in favour of it.

Differently from *Bio-architecture*, true *Traditional Architecture*, using local materials and construction techniques meets all the requisites set forth for so-called *eco-sustainable building*, and has added value:

1. easy availability of the materials;
2. economic construction;
3. absolute reduction of building-maintenance costs, *Pirani docet*[100]!
4. supplies not requiring prolonged and polluting transport;
5. keeping almost all the earnings within the local area;
6. development of the local economy based on building coming from the previous point;
7. reduction of unemployment as a consequence of the preceding points;
8. reduction of costs of restoration of the Architectural Heritage as a result of the re-discovery of traditional building techniques and materials and the re-creation of a much larger labour force and, as such, competitive within itself;
9. the local climate taken into consideration;
10. reduction of energy consumption for the heating and cooling of buildings accomplished through the use of sustaining walls that behave perfectly and naturally in a thermal-hygrometric sense;

---

[99] *L'Architettura Minore in Italia – l'Architettura Minore a Roma tra '500 e '800*, edizioni Crudo & C., Turin, 1927.

[100] «*Not only does the building "beautiful outside and clean inside" contribute to the upgrading of the classes living in it, but a proper use of durable materials, such as bricks and tiles, leads to a drop, over time, in maintenance costs, especially in buildings that have several storeys joined in a city block or district* » quotation from the *Report* enclosed with the *Concorso per il Progetto di un Tipo di Casa Popolare per Roma* [Competition for the Design of a Type of Public Housing in Rome] for the II Congresso delle Case Popolari [Second Public-housing Convention] of 1911.

La città sostenibile è possibile
Una strategia possibile per il rilancio della qualità urbana e delle economie locali
Ettore Maria Mazzola

Si invita caldamente chi non creda a ciò che si dice a fare una ricerca in internet per verificare se, tra tutti i cosiddetti materiali *eco-sostenibili* suggeriti dai *"bio-architetti"*, ne esista uno solo che possa essere adoperato e prodotto nello stesso luogo di impiego.

Si ricorda a tal proposito che, almeno fino al 1927, si riteneva giusto considerare in fase progettuale i seguenti accorgimenti:

«[…] *Finché gli uomini sono uomini, così fatti di dimensioni, di esigenze, di abitudini, molti dispositivi che erano buoni in passato sono buoni ancora oggi […] è ben raro che gli antichi partiti non siano in grado di fornire, trasformati o magari intesi a rovescio, uno spunto all'opera del ricercatore. Sarebbe ingiusto e (riteniamo noi) anche infausto per l'arte, se nell'elaborazione di fabbricati attuali non venissero tenute nel debito conto le ragioni di clima e di ambiente che caratterizzano le varie parti del nostro Paese*»[99].

Questa critica non vuole mirare a distruggere la *Bio-architettura*, ma semplicemente vuole arrivare a far riflettere sull'atteggiamento retorico che vi si ritrova in molti dei suoi predicatori.

Diversamente dalla *Bio-architettura*, la vera *Architettura Tradizionale*, utilizzando i materiali e le tecniche costruttive locali, oltre a rispondere perfettamente a tutti requisiti previsti per il riconoscimento della cosiddetta *edilizia eco-sostenibile*, viene ad avere qualche valore aggiunto:

1. facile reperibilità dei materiali;
2. economicità delle costruzioni;
3. riduzione assoluta dei costi di manutenzione degli edifici … *Pirani docet*[100]!
4. forniture che non richiedono lunghi trasporti inquinanti;
5. mantenimento quasi totale dei proventi del processo edilizio nell'ambito locale;
6. sviluppo dell'economia locale basata sull'edilizia derivante dal punto precedente;
7. riduzione della disoccupazione come conseguenza dei punti precedenti;

---

[98] «*L'intonaco bianco Sto-Verotec* (prodotto in Germania – n.d.r.), *già materiale d'uso tradizionale, qui viene impiegato su pannelli di vetro riciclato di dimensioni finora mai usate in Italia. Si caratterizza per l'estrema levigatezza, ottenuta attraverso sette strati di applicazione su rete vitrea, e per la sua reazione "autopulente" agli agenti atmosferici. Il vetro temperato che racchiude l'Ara, prodotto dall'inglese Pilkington's Optic-White e dalla tedesca Interplane Glas, è composto da due strati, ciascuno di 12 mm, separati da una intercapedine di gas argon e dotati di uno strato di ioni di metallo nobile per il filtraggio dei raggi luminosi. La sua tecnologia, studiata per ottenere un rapporto ottimale tra resa estetica, trasparenza, fonoassorbenza, isolamento termico e filtraggio della luce, si spinge al limite delle attuali possibilità tecniche. Il microclima interno è affidato ad un complesso impianto di condizionamento*». Estratto da "*Ara Pacis, Ara Civium Scopriamo il futuro della storia*" – presentazione del Museo a cura dell'Assessorato all'Urbanistica del Comune di Roma.

[99] *L'Architettura Minore in Italia – l'Architettura Minore a Roma tra '500 e '800*, edizioni Crudo & C., Torino, 1927.

[100] «*Non solo la casa "bella all'esterno" e pulita all'interno" contribuisce all'elevazione delle classi che la abitano, ma che un giusto impiego di materiali durevoli, quali i laterizi e le maioliche, porta ad una diminuzione nel tempo delle spese di manutenzione degli edifici, soprattutto quando si tratti di edifici più piani riuniti in un isolato o in un quartiere urbano* » citazione dalla *Relazione* allegata al *Concorso per il Progetto di un Tipo di Casa Popolare per Roma* redatto in occasione del II Congresso delle Case Popolari del 1911.

11. harmonization of the buildings with the landscape and surrounding context.

According to the principles of *Bio-architecture*, it is possible to create *high energy-efficient edifices* with reduced heat requirements by using new technologies.

… But the reduction in energy consumption – as any Bio-architecture manual will say – is related to the use of certain natural materials such as wood, brick, etc.

According to research in the area, the *energy-efficiency index* of the buildings represents the energy needs, per square meter per year (kWh/m^{2}a), needed for heating, hot water production and summer cooling. Including in this, the data for energy consumption due to the use of lighting systems and electrical devices, the *overall energy index is obtained*.

An edifice is considered *"low consumption"* when its energy need is 50-70 kWh/m^{2}a, which corresponds to a quarter of that for a current construction, measured to be 200-250 kWh/m^{2}a.

Thanks to the modernist ideas that have been developing in Italy since the nineteen thirties – for example, it is good to mention the delirious diagram of the *"progresso dell'arialuce"* [progress of air and light][101]" – buildings

Classification of buildings according to their energy efficiency (heating) in (kWh/m^{2}a)

Conventional buildings not meeting the energy-saving regulations	220-250
Conventional buildings meeting the most recent regulations	80-100
Low energy-consumption buildings	30-50
Passive buildings	< 15
Zero energy-consumption buildings	0

[101] This article, accompanied by illustrations to explain it smeared the entire history of past architecture – from Ancient Egypt to the "Fascist Revolution" – viewed tensile-structure and glass walls as the only salvation for the Queen of the Arts. Cf. the *Appendix of nr 35/36* of the journal *Quadrante*, October XIV.

8. riduzione dei costi di restauro del patrimonio architettonico, prodotta dalla riscoperta di tecniche e materiali edili tradizionali, e dalla ri-formazione di una manodopera molto più vasta e, come tale, in regime di concorrenza con sé stessa;

9. rispetto delle condizioni climatiche locali;

10. riduzione dei consumi energetici per il riscaldamento e raffreddamento degli edifici, generata dall'utilizzazione di murature portanti con perfetto – e naturale – comportamento termo-igrometrico;

11. armonizzazione degli edifici nel paesaggio o nel contesto urbano di appartenenza.

Secondo i principi della *Bioarchitettura*, è possibile realizzare edifici ad *alta efficienza energetica*, il cui fabbisogno termico risulta notevolmente ridotto grazie all'impiego di nuove tecnologie.

… Ma la riduzione del consumo energetico – come può leggersi in un qualsiasi manuale di Bio-architettura – è legata all'uso di determinati materiali naturali come il legno, il laterizio, ecc.

Secondo le ricerche del settore, l'*indice d'efficienza energetica* degli edifici rappresenta il fabbisogno energetico, per metro quadrato e anno (kWh/m^2a), necessario per il riscaldamento, per la produzione di acqua calda e per il rinfrescamento estivo. Includendo a questo dato quello relativo al consumo energetico dovuto all'uso di impianti di illuminazione e apparecchi elettrici, si ottiene l'*indice energetico complessivo*.

Un edificio è ritenuto "*a basso consumo*" quando il suo fabbisogno energetico è pari a 50-70 kWh/m^2a, valore corrispondente ad un quarto di quello di un edificio di edilizia corrente, attestato sui 200-250 kWh/m^2a.

Grazie alle idee moderniste sviluppatesi in Italia sin dagli anni '30 – ricordiamo per esempio il delirante articolo accompagnato dai diagrammi del "*Progresso delle strutture*" e del "*progresso dell'Arialuce*[101]" – gli edifici costruiti negli ultimi 70 anni, in Italia come altrove, sono stati realizzati utilizzando le cosiddette "*pareti leggere*", spesso prive di isolamento, e le grandi superfici vetrate.

Questo genere di cose ha fatto sì che oggi, all'alba del terzo millennio, la maggior parte degli edifici esistenti in Italia, e non solo, non risponda alle condizioni minime previste dalle normative sul risparmio energetico emanate a partire dalla Legge 373/1976, fino a quelle più recenti.

---

[101]Questo articolo, supportato da disegni esplicativi, gettando fango su tutta la Storia dell'Architettura del passato – dall'antico Egitto alla "Rivoluzione Fascista" – vedeva nella Tenso-struttura e nelle pareti vetrate l'unica via di salvezza per la Regina delle Arti. Cfr. l'*Allegato al n°35/36* della rivista *Quadrante*, Ottobre XIV (1936).

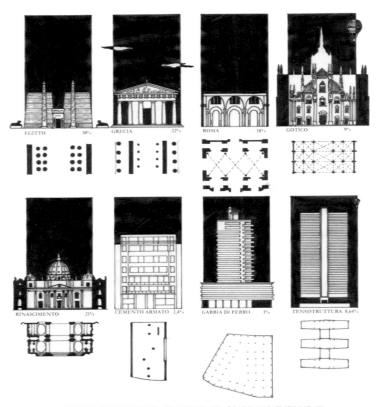

PROGRESSO DELLE STRUTTURE

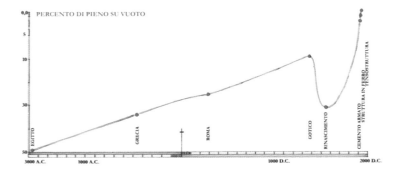

Diagramma del *"Progresso delle Strutture"* tratto dall'*Allegato al n°35/36* alla rivista *Quadrante*, Ottobre XIV (1936) – ridisegnato da E. M. Mazzola.
Diagram of *"The Progress of Structures"* taken from the *Allegato* (appendix) at the nr 35/36 of the journal *Quadrante*, October XIV (1936) – redesigned by E. M. Mazzola..

La città sostenibile è possibile
Una strategia possibile per il rilancio della qualità urbana e delle economie locali
Ettore Maria Mazzola

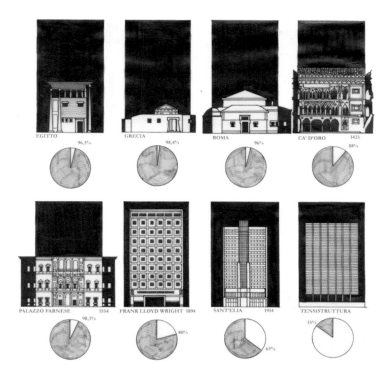

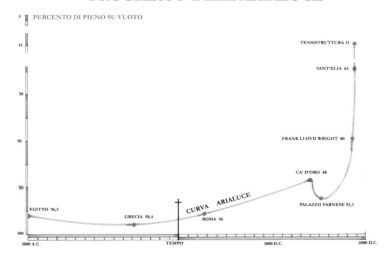

Diagramma del "*Progresso dell'Arialuce*" tratto dall'*Allegato al n°35/36* alla rivista *Quadrante*, Ottobre XIV (1936) – ridisegnato da E. M. Mazzola.
Diagram of "*The Progress of Air and Light*" taken from the *Allegato* (appendix) at the nr 35/36 of the journal *Quadrante*, October XIV (1936) – redesigned by E. M. Mazzola.

built in Italy in the last 70 years as elsewhere, which were constructed using the so-called *"light walls"*, often with no insulation, and large glassed areas.

This state of affairs has led to the present situation, at the dawn of the third millennium, that most of the buildings existing in Italy, but not just Italy, do not meet the conditions provided for in the regulations on energy saving issued, beginning with Law 373/1976 up to the most recent ones.

Of the most recent buildings only a few meet an energy standard that can be called *"sustainable"*. Therefore, a superhuman effort is needed, and is probably impossible, to make all buildings energy efficient ...

This is a further reason why we must be convinced more and more of the need to put into operation this idea of a total revision of our cities by means of a return to tradition!

The construction of *highly energy-efficient buildings* requires the following measures:

1. to insulate the building perfectly to avoid the dispersion of heat to the outside;
2. to design a natural ventilation system which brings in cool air – to understand how to accomplish that, it would be sufficient to study the system used for the Norman *Zisa* of Palermo, or the ones still used in Countries like Iran called *"Badghir"*, that is *"Wind Towers"* or *"Wind Sleeves"*;
3. to make use of southern exposure for windows, so that they can capture solar energy – *"passive exploitation"* – following the criterion used in the *caldaria* of Roman baths (f. ex. the so-called *Heliochimney Baths* of Villa Adriana at Tivoli) … but, in any case, attention must be devoted to preventing heat dispersion typical of large glassed surfaces;
4. to introduce solar panels for hot-water heating;

Palermo, la Zisa, l'incredibile sistema di ventilazione naturale realizzato con le *maniche del vento*, consente di avere un clima interno ottimale anche in caso di temperature esterne elevate.
Palermo, the *Zisa*, the incredible system of natural ventilation realized with the *Wind-Sleeves* makes possible an optimum conditions of indoor climate, even with high outdoor temperatures.

Torri del Vento o Maniche del Vento (badghir) Al-Bastakiya Conservation, Dubai, United Arab Emirates – immagine gentilmente concessa da Makiya Associates/Aga Khan Trust for Culture
Wind Towers or rather *Wind-Sleeves* (badghir) Al-Bastakiya Conservation, Dubai, United Arab Emirates – image courtesy given by Makiya Associates/Aga Khan Trust for Culture

La città sostenibile è possibile
Una strategia possibile per il rilancio della qualità urbana e delle economie locali
Ettore Maria Mazzola

Classificazione degli edifici in base alla loro efficienza energetica (riscaldamento) in (kWh/m²a)

Edifici convenzionali non corrispondenti alle normative sul risparmio energetico	220-250
Edifici convenzionali corrispondenti alle più recenti normative	80-100
Edifici a basso consumo energetico	30-50
Edifici passivi	< 15
Edifici a consumo energetico zero	0

Degli edifici più di fresca data comunque, solo qualcuno ha uno standard energetico che può essere definito *"sostenibile"*. Urge quindi un'immane sforzo, che a qualcuno potrebbe sembrare impossibile, per rendere l'intero patrimonio immobiliare energeticamente efficiente …

Questa è un'ulteriore ragione per convincerci sempre di più della necessità di rendere attuabile quest'idea di revisione totale delle nostre città mediante un ritorno alla tradizione!

La costruzione di *edifici ad alta efficienza energetica* prevede i seguenti accorgimenti:

1. coibentare perfettamente l'edificio per evitare la dispersione del calore verso l'esterno;
2. progettare un sistema di ventilazione naturale che procuri aria fresca – per comprendere come fare basterebbe studiare il sistema utilizzato alla normanna *Zisa* di Palermo, o quelli tutt'ora utilizzati in Paesi come l'Iran, e denominati *"Badghir"* ovvero *"Torri del Vento"* o *"Maniche a Vento"*.
3. prevedere le finestre esposte verso sud, poiché esse captano l'energia solare – *"sfruttamento passivo"* – secondo il criterio utilizzato nei *caldaria* delle terme romane (p. es. le cosiddette *Terme con Eliocamino* di Villa Adriana a Tivoli). … Bisognerebbe comunque prestare attenzione alla dispersione termica che le grandi vetrate comportano;
4. introdurre i pannelli solari per la produzione di acqua calda;
5. utilizzare i pannelli fotovoltaici per la produzione di energia elettrica – *"sfruttamento attivo"*.

5. to use photovoltaic panels for the production of electricity – *"active exploitation"*.

All right, all of this can be achieved perfectly well by using traditional building techniques, the only new elements are solar and photovoltaic panels; as for the rest, history teaches us that it is only a question of reutilizing materials and wall thicknesses used by our wise predecessors.

We cannot help but point out the aesthetic problems involved in the use of solar or photovoltaic panels. Only the functional factor is considered when they are used, which does not take the visual aspect into account. This is the reason why they may be valid technically and economically speaking, but also end up clashing with the aesthetics of the building and its context.

On that subject, with some colleagues recently we took part in a Competition for the *"New, Italian Public Housing"* [102], and we asked ourselves how to use alternative and renewable forms of energy in residential housing. On that occasion we imagined and designed a *traditional, sloping-roof system* which uses *panels consisting of photovoltaic tiles and pantiles*. For some reason we were not awarded, but two years later we sadly discovered that our idea had been slavishly taken and realized, and later it also received a prestigious prize from the European Community. Drawing a veil over that competition and our suspects, one cannot avoid to underline what we had highlighted in the paper of that project that, if this idea were ever carried out, the benefits of solar power could be combined with the aesthetic ones of a sloping roof, the only eventual "aesthetic deformity" would come from the colour.

Antiesteticità dei pannelli fotovoltaici
Aesthetic problems of photovoltaic panels

[102] *Festival of Architecture 2005. National Design context for ideas for a "New Type of Italian Public Housing" in Fidenza (Parma).* Ettore Maria Mazzola con Elisabetta Mannini, Vittorio Tortora and Paolo Vecchio.

La città sostenibile è possibile
Una strategia possibile per il rilancio della qualità urbana e delle economie locali
Ettore Maria Mazzola

Ebbene, tutto ciò è perfettamente realizzabile con l'edilizia tradizionale, l'unica novità è data dai pannelli solari e fotovoltaici; per il resto, la storia ci insegna, si tratta solo di riutilizzare materiali e spessori murari adoperati dai nostri saggi predecessori.

Yazd – Iran. Le *Torri del Vento,* o *Maniche del Vento* (*badghir*) definiscono lo skyline di Yazd – immagine gentilmente concessa da Makiya Associates/Aga Khan Trust for Culture.
Yazd – Iran. *Wind Towers* or rather *Wind-Sleeves* (*badghir*) defines the skyline of Yazd – image courtesy given by Makiya Associates/Aga Khan Trust for Culture

Yazd – Iran. Le *Torri del Vento,* o *Maniche del Vento* (*badghir*) – immagine gentilmente concessa da Makiya Associates/Aga Khan Trust for Culture
Yazd – Iran. Iran. *Wind Towers* or rather *Wind-Sleeves* (*badghir*) – image courtesy given by Makiya Associates/Aga Khan Trust for Culture

Relativamente all'uso dei pannelli solari o fotovoltaici però, non si può non sottolineare il problema della loro antiesteticità. Essi vengono infatti impiegati prendendo in considerazione il solo fattore funzionale, che prescinde dal loro impatto visivo. Questa è la ragione per cui, benché risultino validi a livello tecnico-economico, sul piano esteriore essi risultano sempre stridenti con l'estetica dell'edificio e del contesto.

A tal proposito, in occasione del recente Concorso per la *"Nuova Casa Popolare Italiana"* [102], ci siamo dovuti confrontare con la necessità di impiegare energie alternative e rinnovabili nell'edilizia residenziale. In quell'occasione abbiamo immaginato, e progettato, un sistema tradizionale di copertura a falda che utilizzava pannelli costituiti da *tegole e coppi fotovoltaici*. Gli organizzatori di quel concorso si sono guardati bene dal premiarci ma, due anni dopo, abbiamo tristemente scoperto che la nostra idea era stata pedissequamente presa e realizzata, ricevendo poi un prestigiosissimo premio dalla Comunità Europea. Stendendo un velo pietoso su quel concorso e sui nostri sospetti, dobbiamo comunque sottolineare ciò che evidenziavamo nella relazione descrittiva di quel progetto: l'utilizzazione di questa tecnologia, potrebbe unire i benefici dell'energia solare a quelli estetici di un tetto a falda, con l'unica eventuale "difformità estetica" data dal colore.

[102] *Festival dell'Architettura 2005. Concorso Nazionale di idee per una "Nuova Casa Popolare Italiana" a Fidenza (Parma).* Ettore Maria Mazzola con Elisabetta Mannini, Vittorio Tortora e Paolo Vecchio.

Before, speaking of the behaviour of walls in traditional and other buildings, it was stated that traditional building, making use of local construction materials and techniques, not only met all requirements perfectly to gain recognition for so-called *eco-sustainable construction*, but has extra benefits.

As proof of what one is saying, we wish to quote from the Preface to a book on the thermal-hygrometric testing of walls. This quotation becomes necessary because of its being written by authoritative experts on the subject, ones who are *super partes* as far as "artistic" considerations are concerned, and has a lot to say about the reasons why walls have to be checked nowadays (too often tested after the fact to find out the reasons for the malfunctions of the so-called "functional" buildings) or insulating materials have to be used to bring back in "modern" walls the characteristics of traditional ones.

«*The reader certainly has a right to wonder, above all, why thermo-hygrometric testing has only recently taken on so much importance.*

In the past, the standards and materials used in building walls had been, for centuries, quite uniform.

Walls were generally made of a single layer with uniform thermal characteristics: Its thermal and hygrometric suitability was thus ensured by experience.

In the last few decades, industrialized construction, made possible through the availability of advanced materials, machinery and technologies, has experimented with numerous solutions, with the intention of providing better and better products, at lower and lower costs.

Finally, law 30.4.76 nr. 373, passed to contain energy consumption in buildings, made it necessary to add heat insulation in building structures.

Commercial prospects have thus favoured the launching of new insulating materials. Advertising has done its part to promote experimentation on new solutions.

Perhaps overly hasty methods and deadlines or the incomplete knowledge of the characteristics of materials as well as how they behave in operation have led to serious consequences in some cases, condensation in particular, even in large quantities, on the surface or, worse yet, inside the walls and insulating materials.

A lack of regulations on the subject, furthermore, makes it difficult to ascertain who is responsible: added to the formation of condensation are mistakes in construction, anomalous internal dampness production or inadequate recy-

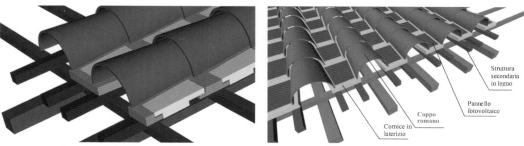

La nostra idea per tegole e coppi fotovoltaici - Our idea for photovoltaic tiles and pantiles

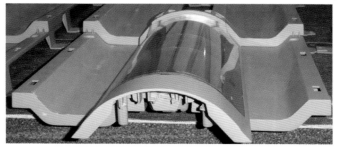

Un esempio di coppo fotovoltaico realizzato da una nota industria italiana
An example of photovoltaic pantile made by a well-known Italian industry

Precedentemente, parlando del comportamento delle pareti degli edifici tradizionali e non, si è sostenuto che l'edilizia tradizionale, utilizzando materiali e tecniche costruttive locali, oltre a rispondere perfettamente a tutti requisiti previsti per il riconoscimento della cosiddetta *edilizia eco-sostenibile*, viene ad avere qualche valore aggiunto. A conferma di quanto si va affermando, vale la pena citare un estratto della prefazione ad un libro relativo alla verifica termo-igrometrica delle pareti. Detta citazione si rende molto utile perché, essendo scritta da autorevoli conoscitori della materia, ed essendo gli stessi *super partes* in fatto "artistico", la dice lunga sulle ragioni per cui oggi si debba ricorrere alla verifica delle pareti, (che troppo spesso viene fatta a posteriori, e solo per comprendere le ragioni del malfunzionamento dei cosiddetti edifici "funzionali"), o si debbano utilizzare materiali coibentanti per riportare le pareti "moderne" ad avere caratteristiche simili a quelle tradizionali.

«È certamente legittimo che il lettore si chieda, innanzitutto, come mai solo di recente la verifica termo-igrometrica delle pareti abbia assunto tanta importanza.

Nel passato, i criteri ed i materiali utilizzati nella costruzione delle pareti degli edifici sono stati, per secoli, assai uniformi.

La muratura era generalmente costituita da un unico strato dalle caratteristiche termiche omogenee: la sua idoneità, sotto gli aspetti termico ed igrometrico, era pertanto assicurata dalla esperienza.

cling of air due to improper use of the living quarters. It is thus necessary to set limits, establishing appropriate parameters[103]».

The relevance of the sentence of the comic Marcello Marchesi seems entirely true: «*mankind is born to suffer, and does everything possible to succeed in doing so!*» Indeed, we could translate that introduction into these few words: as long as ARCHITECTURE depended on the experience of artisans, the buildings presented no problems, the advent of INDUSTRIAL BUILDING has created an inordinate amount of them!

Rather than returning to that experience, nowadays, supported by the experimental building industry, we continue to look for new products that may turn out to be useless if not downright toxic and harmful, as time passes – the use of *Eternit[104]* or PVC are good examples and many other chemical materials that release formaldehyde and other carcinogenic substances!

On that subject, and by way of showing the interests involved, it is interesting to mention what the great comic Beppe Grillo observed in 1997: «*[…] now they are replacing asbestos with fibreglass which is still worse, because its advantage is that it is a good insulator, the disadvantage is that it has carcinogenic forms. They call it a "disadvantage"… polystyrene is easy to find, but harms the heredity genes, that is your children! Polyurethane is easy to work, but it causes damage to the central nervous system.*
Foam glass resists dampness, but has narcotic effects. One says, OK, then, what the hell will we use? How about cork? But cork has the advantage of being an excellent insulator, but it is one disadvantage: it doesn't cost a damn thing! That's an incredible disadvantage!»[105].

We do not want to bore the reader, going off on long scientific explanations with diagrams that show what has already been presented in the enlightening *introduction* of Neretti, Soma. Perhaps it is possible to add to their book something about a professional experience. It was necessary to locate the reasons for and solve the problem of the formation of condensation in an apartment building near Villa Pamphilj in Rome.

The building had the typical frame - reinforced concrete structure, with curtain walls outside consisting of a double layer of hollow bricks

---

[103] G. Neretti, F. Soma, *La verifica termo-igrometrica delle pareti – teoria, esempi di calcolo, caratteristiche dei materiali, 124 esempi precalcolati.* Ulrico Hoepli Editore SpA, Milan 1982.

[104] Cement an asbestos combination. *Eternit* (from the Latin *aeternitas*, eternity) … perhaps because it carries us off to the next world?

[105] See *All the "Grillo" that counts – twelve years of monologues, battles and lots of criticism.* Feltrinelli Editore, Milan 2006. P. 87.

La città sostenibile è possibile
Una strategia possibile per il rilancio della qualità urbana e delle economie locali
Ettore Maria Mazzola

Negli ultimi decenni l'edilizia industrializzata, resa possibile dalla disponibilità di materiali, macchine e tecnologie avanzate, ha sperimentato nuove e numerose soluzioni, nell'intento di fornire prodotti dalle caratteristiche sempre migliori, a costi sempre più contenuti.

Infine, la legge 30.4.76 n. 373, varata ai fini del contenimento del consumo energetico negli edifici, ha reso necessario l'inserimento degli isolanti termici nelle strutture edili.

Le prospettive commerciali hanno pertanto favorito l'immissione sul mercato di materiali isolanti nuovi; la spinta pubblicitaria, da parte sua, ha indotto alla sperimentazione di ulteriori nuove soluzioni.

Forse, però, i modi ed i tempi troppo affrettati, o la incompleta conoscenza delle caratteristiche dei materiali e della loro influenza sul comportamento in esercizio degli isolanti, hanno prodotto in taluni casi gravi conseguenze, in particolare connesse con la formazione di condensazione, anche in quantità rilevante, sulla superficie o, peggio, all'interno delle pareti e dei materiali isolanti.

La mancanza di normativa al riguardo rende d'altra parte problematico l'accertamento delle responsabilità: alla formazione di fenomeni di condensazione concorrono infatti tanto gli errori costruttivi, quanto una anomala produzione interna di umidità o un insufficiente rinnovo dell'aria, conseguenti ad un uso improprio dell'abitazione. Risulta quindi necessario fissare dei limiti, attraverso opportuni parametri[103]».

Da queste parole si evidenzia quanto sia vera la massima del comico Marcello Marchesi: «*l'uomo è nato per soffrire, e fa di tutto per riuscirvi!*» Potremmo infatti tradurre quell'introduzione in queste poche parole: finché l'ARCHITETTURA è stata appannaggio dell'esperienza degli artigiani, gli edifici non ci hanno dato alcun problema, l'avvento dell'EDILIZIA industriale ce ne ha creati a dismisura!

Oggi, piuttosto che tornare a quell'esperienza, suffragati dalla sperimentazione dell'industria edilizia, continuiamo a ricercare nuovi prodotti, che magari nel tempo si dimostreranno inutili se non addirittura tossici e nocivi – vedasi l'impiego che per anni si è fatto dell'*Eternit*[104] o del PVC, e di tanti altri materiali chimici che rilasciano formaldeide e altre sostanze cancerogene!

A tal proposito, e a dimostrazione degli interessi in gioco, risulta interessante menzionare quanto faceva notare nel 1997 il grande comico Beppe Grillo: «[...] *adesso stanno sostituendo l'amianto con la lana di vetro, che*

---

[103] G. Neretti, F. Soma, *La verifica termoigrometrica delle pareti – teoria, esempi di calcolo, caratteristiche dei materiali, 124 esempi precalcolati*. Ulrico Hoepli Editore SpA, Milano 1982.

[104] Cemento-amianto. Eternit (dal latino *aeternitas*, eternità) ... forse perché porta nell'aldilà?

with an internal air space. The calculations based on a thermo-hygro-metric analysis showed that if the structure had still been efficient after over forty years since it was built, it would have reached the limits of the conditions necessary to avoid the formation of condensation inside.

Just to help non-experts understand what happens in the walls, we want to explain that in the investigation of the behaviour of a wall – in relation to its constitution (thickness, materials), its orientation, the internal and outside temperature conditions in the Summer and the Winter – if the *real vapour pressure curve* intersects the *vapour saturation curve*, at the point, condensation can form (*the dew point*): if the wall lining does not allow dampness to migrate outside the building, condensation can form quite quickly on the inner wall face and will gradually spread to the entire walled area.

In the case in point, a plastic quartz based paint used when the outside was repainted turned the entire building into a structure that was impermeable to escaping vapour. As a result, condensation, mould and even fungus formed at the level of the so-called *"thermal bridges"*[106].

This story proves that, if it is true that the structure of *"modern walls"* should be carefully designed and checked before the work is performed, no regulations require analogous preventative checks for the ordinary and extraordinary maintenance of the buildings, during which the companies, often in agreement with the owners tend to work on top of the old surfaces to save money, and this doubles the thicknesses that resist the passage of vapour.

Nor is it possible to calculate the period of "survival" of some insulating materials which, over time, as mentioned in the book referred to, tend to change behaviour if not actually to sublimate[107]: in some portions of the wall of the building referred to above, it was possible to dis-

---

[106] Despite the name, a *thermal bridge* is one of the main sources of heat loss in a building. This happens because it causes temperature switches: in the Winter, it conducts heat from the inside of a home to the outside, in the Summer, it carries it from the outside to the inside. Typical examples of thermal bridges are balconies and all the construction elements that have been inappropriately insulated. From the physical point of view, heat bridges are outside points of a construction which, because of the diverse structural composition (e.g. pillars or beams and hollow-brick walls) cause more rapid heat fluxes than in the surrounding parts.

[107] Under the item *Invecchiamento* [tr. note: *ageing*] in the Manual of the AS.A.P.I.A. - Associazione Nazionale Aziende Produttrici di Condotte e Componenti per Impianti Aeraulici [National Association of Manufacturers of Conduits and Ventilation Systems] which, given what it is, cannot be suspected of being on my side, it is written, «Normally *macroscopic aging effects in cell insulators using foam gasses different from air are produced*. In those insulations, the expanding agent spreads towards the outside and inside the insulation of the surrounding air. Classic examples are polyurethanes, that can require considerable increases in conductivity if barriers to sublimation of the expanding gas are lacking. Another aging factor can be exposition to atmospheric agents, that is, the sun (and ultraviolet radiation in particular), rain and frost. In general, therefore, insulation must be protected from atmospheric agents and this comes not so much under the standards of heat conductivity, as in the rule for proper application of the insulation, as a function of the specific application».

La città sostenibile è possibile
Una strategia possibile per il rilancio della qualità urbana e delle economie locali
Ettore Maria Mazzola

è ancora peggio, perché come vantaggio è un buon isolante, lo svantaggio è che ha delle forme cancerose. Lo chiamano "svantaggio" ... il polistirolo ha una buona reperibilità, ma è nocivo ai geni ereditari, cioè ai tuoi figli! Il poliuretano è facile da lavorare, ma causa danni al sistema nervoso centrale. Il vetroschiuma resiste all'umidità, ma ha effetti narcotizzanti. Uno dice, va bè, e allora che cazzo ci mettiamo? Ci potremmo mettere, per esempio, il sughero. Ma il sughero ha il vantaggio di essere un ottimo isolante, ma ha uno svantaggio: che non costa un cazzo! È uno svantaggio pazzesco!» [105].

Non si vuole annoiare il lettore dilungandoci in spiegazioni scientifiche e diagrammi che dimostrino quanto già riportato nell'illuminante *introduzione* di Neretti e Soma al loro testo, però si può aggiungere il racconto di un'esperienza personale. Bisognava elaborare una perizia atta ad individuare le ragioni e risolvere il problema della formazione di condensa in un immobile nei pressi di Villa Pamphilj a Roma.

L'edificio era costruito con la tipica struttura a telaio in cemento armato, con tamponature esterne costituite da un doppio strato di mattoni forati con intercapedine isolata interna. Ebbene, i calcoli della verifica termo-igrometrica dimostrarono che, semmai la struttura fosse stata ancora efficiente ad oltre quarant'anni dalla costruzione, essa sarebbe risultata ai limiti delle condizioni necessarie ad evitare la formazione di condensa all'interno degli ambienti.

Giusto per far comprendere ai non addetti ciò che avviene nelle pareti, si precisa che, nello studio di verifica del comportamento di una parete – in relazione alla sua costituzione (spessore, materiali), all'orientamento, alle condizioni di temperatura interna ed esterna, e alle condizioni di umidità interna ed esterna in regime estivo ed invernale – se la curva della *pressione reale del vapore* viene ad intersecare quella di *saturazione del vapore*, si potrà avere la formazione di rugiada (*punto di rugiada*): se il rivestimento esterno della parete non consente la migrazione dell'umidità verso l'esterno dell'edificio, ben presto potrà manifestarsi sulla faccia interna del muro la formazione di condensa, che si andrà via via diffondendo all'intero ambiente confinato.

Nel caso in esame, nel recente intervento di restauro delle facciate era stata applicata una tinteggiatura a base di quarzo plastico. Questa scriteriata decisione aveva fatto sì che l'intero fabbricato si fosse trasformato in una struttura impermeabile al vapore in uscita. Di conseguenza si era arrivati alla formazione di condense, muffe e addirittura funghi in

---

[105] Cfr. *Tutto il Grillo che conta – dodici anni di monologhi, polemiche e censure.* Feltrinelli Editore, Milano 2006. Pag. 87.

cover that the insulation inside the wall was no longer present, or rather, there was a sort of crude, orange flour-like substance.

This life experience makes us feel the need to urge everyone to return to traditional walls!

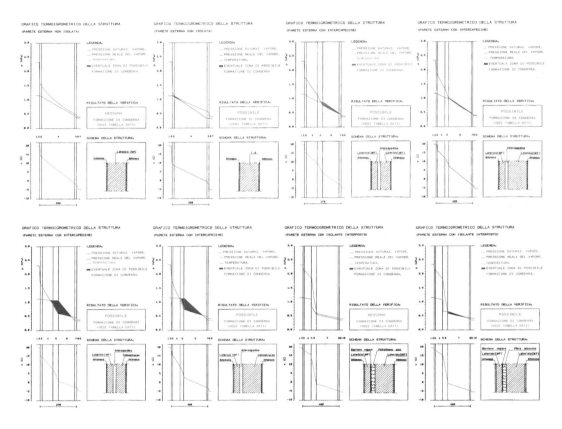

A parità di condizioni climatiche e di spessore, le pareti hanno un comportamento termo-igrometrico che varia molto secondo i materiali di cui sono costituite. Qualora la Curva della Pressione Reale del Vapore intersechi quella della Pressione di Saturazione si crea il punto di rugiada. Per le "pareti leggere" occorre dunque elaborare dei calcoli molto complessi per evitare che ciò accada, ed è assolutamente importante che la barriera al vapore venga applicata in corrispondenza del giusto punto, interno alla parete, che impedisca la formazione della fastidiosa condensa.

When we have the same climatic conditions and the same thickness, the walls may have a thermo-hygrometric behavior which varies a lot and is directly related to their materials. If the Curve of the Real Pressure of Vapor intersects the one of Saturation Pressure we have the dewy point. That's the reason why, for "light walls" it is necessary to elaborate some very complex calculations in order to avoid this phenomenon, and it is absolutely important to calibrate the position of the vapor barrier just next to the dewy point, so that damp doesn't have the possibility to migrate toward the inner surface of the wall thus forming the annoying condensation.

corrispondenza dei cosiddetti *"ponti termici*[106]*"*. Questa storia sta a dimostrare che, se è vero che si presuppone che la struttura delle *"pareti moderne"* dovrebbe essere accuratamente progettata e verificata prima dell'esecuzione delle opere, nessuna normativa impone analoghe verifiche preventive per interventi di manutenzione ordinaria e straordinaria degli edifici, in occasione delle quali le imprese, spesso di comune accordo con i condomini ignoranti in materia, per ragioni economiche, tendono regolarmente a lavorare in sormonta alle vecchie superfici, raddoppiando gli spessori resistenti al passaggio del vapore.

Né tanto meno può calcolarsi il periodo di "sopravvivenza" di alcuni materiali isolanti, che nel tempo, come accennato nell'introduzione al testo menzionato, tendono a modificare il loro comportamento se non addirittura a sublimare[107]: in alcune porzioni di pareti del fabbricato di cui sopra, è stato possibile scoprire che l'isolante all'interno della parete era scomparso, o meglio al suo posto si rilevava la presenza di una specie di farina grossolana di colore arancione.

Questa esperienza di vita rafforza l'esigenza di esortare tutti al ritorno alle pareti tradizionali!

---

[106] A dispetto del nome, un *ponte termico* è tra i principali responsabili delle perdite di calore in un edificio. Questo perché esso provoca scambi di temperatura: d'inverno conduce calore dall'interno di una casa verso l'esterno, d'estate lo veicola dall'esterno all'interno. Tipici esempi di ponti termici sono i balconi e tutte le parti costruttive sporgenti che risultano isolate in modo inappropriato. Dal punto di vista fisico, i *ponti termici* sono punti esterni di una costruzione che, a causa della diversa composizione strutturale (p.es. pilastri o travi e pareti in forati) presentano flussi termici più rapidi rispetto alle parti circostanti.

[107] Alla voce *Invecchiamento* nel Manuale dell'AS.A.P.I.A. - Associazione Nazionale Aziende Produttrici di Condotte e Componenti per Impianti Aeraulici, che come tale non può sospettarsi essere dalla mia parte, si legge. «*Normalmente si hanno effetti macroscopici di invecchiamento negli isolanti cellulari schiumati con gas differenti dall'aria. In tali isolanti si ha diffusione verso l'esterno dell'agente espandente e diffusione all'interno del coibente dell'aria ambiente. Esempi classici sono i poliuretani, che possono richiedere consistenti maggiorazioni della conduttività se mancano barriere alla sublimazione del gas espandente. Altro fattore di invecchiamento può risultare l'esposizione agli agenti atmosferici e cioè al sole (e in particolare alla radiazione ultravioletta), alla pioggia e al gelo. In generale, dunque, gli isolanti vanno protetti dagli agenti atmosferici e questo elemento rientra non tanto nei criteri di maggiorazione della conduttività termica, ma nella regola dell'applicazione corretta dell'isolante, in funzione della specifica applicazione*».

The Program for Regrouping Towns and Cities

In this inevitable Chapter, we want to underscore what, in our opinion, should and could be done to improve the socio-economic, but also climatic conditions of Italy in the name of its glorious tradition.

Above all, we wish to recall once more the Giolitti's quotation with which this new book begins, because it can be considered the basis of the operating economic strategy.

«*At the beginning, in 1870, if there had been a city administration that intuited what the future of Rome would be, if it had bought the areas up to 5 or 6 km around the city, and had worked out a plan for growth, using highly sophisticated concepts, it would have created a city with far more grandiose lines and it would have made an excellent investment*»[108].

Indeed, this quotation serves as food for thought about the fact that nowadays, if it were decided to put this model of re-compacting the city into practice, the land situation would end up being totally reversed in favour of the city administrations.

The greatest portion of the surfaces of our cities consist of broad streets and empty spaces – at times irrationally called "*piazza*" or "*largo*" – which are too large for their actual functions: most of these empty spaces are public property!

Any far-reaching building operation then, would find the public administrations in a position in which the need to construct that domain of areas for building, so regretted by Giolitti, is not felt, since this has already been "involuntarily" established!

At this point, if only people wished, rather than investing in industrial economic risk ventures bound to fail because of the worldwide market, or accept and give incentives to those who produce *genuine Italian products* in countries that are increasing their Gross Domestic Product (as well as air pollution) thanks to the slave workers existing and tolerated there, and the system of exploitation of minors, since it is to the advantage of the *uncivilzed* – West, or, finally, rather than employing enormous quantities of money and people to support false wars in countries "guilty" of having oil deposits, it would be more logical and more just to direct that financing, investing everything possible in this idea that aims, "peaceful-

---

[108] *Per l'edilizia della capitale* op. cit.

La città sostenibile è possibile
Una strategia possibile per il rilancio della qualità urbana e delle economie locali
Ettore Maria Mazzola

L'operazione urbanistica di ricompattamento

Con questo inevitabile capitolo, si vuol ribadire quanto a nostro avviso dovrebbe, e potrebbe farsi, per migliorare le condizioni socio-economiche, ma anche climatiche, del nostro Paese, in nome della sua gloriosa tradizione.

Innanzitutto bisogna rammentare ancora una volta la massima giolittiana con cui si apre questo libro, poiché essa è da ritenersi alla base della strategia economica operativa.

> «Se in principio, nel 1870, vi fosse stata un'Amministrazione comunale che, intuendo l'avvenire di Roma, avesse acquistato le aree fino a 5 o 6 km intorno alla città, ed avesse compilato un piano di ingrandimento, studiato con concetti molto elevati, oltre ad avere creato una città con linee molto più grandiose, avrebbe anche fatto un'eccellente speculazione»[108].

Questa citazione serve infatti a farci riflettere sul fatto che oggi, se mai si decidesse di mettere in pratica questo modello di ricompattamento delle città, la situazione fondiaria risulterebbe totalmente ribaltata a favore delle amministrazioni comunali.

La stragrande maggioranza della superficie delle nostre città, è di fatto costituita da stradoni e spazi vuoti – talvolta irrazionalmente denominati *"piazze"* o *"larghi"* – che risultano sovradimensionati rispetto alle reali esigenze: la gran parte di questi "vuoti" risulta essere di pubblica proprietà!

Dunque, una qualsiasi operazione edilizia di grande portata, vedrebbe le pubbliche amministrazioni in una posizione nella quale non si ravvede la necessità di dover costituire quel demanio di aree edificabili lamentato da Giolitti. Questo è già "involontariamente" stato costituito!

A questo punto, se solo si volesse, piuttosto che investire in scommesse economiche industriali destinate all'insuccesso a causa del mercato globale, oppure accettare – e incentivare – chi produce il *"made in Italy"* in Paesi che aumentano il loro prodotto interno lordo (oltre che l'inquinamento atmosferico), grazie al sistema di schiavitù e sfruttamento del lavoro minorile ivi esistente e tollerato – dato che fa comodo all'occidente *in*-civile – o infine, piuttosto che impiegare immani quantità di denaro e persone per appoggiare guerre fasulle in Paesi "colpevoli" di avere giacimenti petroliferi, sarebbe più logico dirottare quei finanziamenti, investendo tutto ciò che si

---

[108] *Per l'edilizia della capitale* op. cit.

ly" at reviving the Italian economy, turning the "Bel Paese" into a huge workshop for urban renewal.

To do so one would only need to limit oneself to recuperating the most intelligent aspects of the regulations that were mentioned in the specific chapter, harmonizing it with more recent regulation tools, which, if properly used and/or modified, would turn out to be of great interest.

We are referring to recently constituted tools such as *Patti Territoriali* [t.n.:*Territorial Agreements*][109], introduced by Law 662/96, that is, the *Società di Trasformazione Urbana* (S.T.U.) [t.n.: *Companies for Urban Transformation*][110], or, moreover, the *Contratti di Quartiere* [t.n.: *District Contracts*][111] or, finally, *Project Financing*, the latter, however, should be conceived in such a way that the public administration is not made subject to any expenses on behalf of

[109] A tool for programmed contract agreements and an expression of social partnership, the *Territorial Agreement* is based on the agreement among several public and private subjects (local bodies, manufacturers' associations, labour organizations, banks, chambers of commerce, private subjects) to implement a program of actions having specific objectives of promoting local development on a sub-regional level, compatible with eco-sustainable development.
The sectors involved are: industry, agro-industry, agriculture, fishing and aquaculture, the services, tourism and the infrastructure apparatus integrated among them. Territorial agreements can be implemented all over Italy, as long as the specific resources allocated by the CIPE (Interministerial Commission for Economic Planning) are reserved exclusively to agreements than can be implemented in depressed areas.
[110] The *Companies for Urban Transformation* are made up of tools that have vast potentialities which the legislature has placed at the disposition of local bodies to take action in urban areas consolidated with the involvement of private financial resources and professional skills. The metropolitan areas and towns, with the participation of the province and the region as well, can set up mixed public and private joint stock companies to design and carry out urban transformation works implementing the current urban instruments. For that purpose, they provide for buying the areas involved in the works, their transformation and marketing.
Art. 7, paragraph 1, of the Law of 8 February 2001, nr 21, to promote the setting up on the part of metropolitan cities and towns *of companies for urban transformation* as per art. 120 of the Legislative Decree of 18 August 2000, nr 267 has provided for financing by this Ministry, feasibility studies, explorative investigations needed for further study of the economic, administrative financial and technical feasibility of the proposals for transformation decided by the City Council, as well as the expenses required for the town planning.
[111] *District Contracts* consist of urban-renewal projects (construction and social) promoted by cities and towns in districts that are marked by widespread decay in buildings and the urban environment, as well as a lack of services in a context of little social cohesion and dissatisfaction with living conditions. URBAN and French and Belgian CONTRACTS DE VILLE come under the category of complex programs and European Community experiences.
Law 662/96 (art. 2 paragraph 63 letter b), allocated 200 billion for experimental actions. Another 100 billion was added, as per letter c) of the same paragraph and article of the law cited. Given the amount of funds available, it was deemed appropriate to set the minimum (3 billion) and maximum (20 billion) limits for the financing of an individual project. The first *District Contracts* were financed on the basis of this law.
The first Italian experience was that of the call for bids for District Contracts of the Public Works Ministry in 1998, pertaining to upgrading works for public residential housing settlements. The call for bids provided for financing the urban-building works only, but it set forth general objectives of sustainability in any case, since it called for forms of participation by the inhabitants, the use of technologies for energy saving and integration of the works without social and economic initiatives.
A second generation of *District Contracts* was financed by the Law of the Region of Lazio nr 10 of 2001 for programs of improvement of the Roman suburbs. In this case, the financing was aimed more specifically at local development projects since it financed both urban and architectural projects as well as measures of social support and promotion of the local economy.
In the Decree of 30 December 2002, the Ministry of Infrastructures, then called for bids for the *DISTRICT CONTRACTS II*. The social and economic objectives and role of participation by the citizens in the specifying of the objectives of the contract were better formulated than in 1998.

La città sostenibile è possibile
Una strategia possibile per il rilancio della qualità urbana e delle economie locali
Ettore Maria Mazzola

può in un'idea come questa, che mira "pacificamente" a rilanciare l'economia, trasformando il Bel Paese in un enorme cantiere di riqualificazione urbanistica.

Per farlo, basterebbe limitarsi a recuperare gli aspetti più intelligenti delle norme menzionate nel capitolo specifico, integrandole con strumenti normativi più recenti che, se opportunamente utilizzati e/o modificati, risulterebbero enormemente interessanti.

Ci si riferisce a strumenti di recente istituzione, quali i *Patti Territoriali*[109], introdotti dalla Legge 662/96, oppure le *Società di Trasformazione Urbana* (S.T.U.)[110], o ancora i *Contratti di Quartiere*[111] o, infine, il *project financing*, quest'ultimo però dovrebbe essere concepito in modo tale che l'amministrazione pubblica non debba venire a trovarsi assoggettata ad alcuna im-

[109] Strumento della contrattazione programmata ed espressione del partenariato sociale, il *Patto Territoriale* è basato sull'accordo tra più soggetti pubblici e privati (enti locali, associazioni imprenditoriali, organizzazioni sindacali, banche, camere di commercio, soggetti privati) per l'attuazione di un programma di interventi caratterizzato da specifici obiettivi di promozione dello sviluppo locale in ambito subregionale, compatibile con uno sviluppo ecosostenibile,
I settori interessati sono: industria, agroindustria, agricoltura, pesca e acquacoltura, servizi, turismo e l'apparato infrastrutturale, tra loro integrati. I patti territoriali possono essere attivati su tutto il territorio nazionale, fermo restando che le specifiche risorse destinate dal CIPE sono riservate esclusivamente ai patti attivabili nelle aree depresse.

[110] Le *Società di Trasformazione Urbana* costituiscono strumenti dalle vaste potenzialità, che il legislatore ha messo a disposizione degli Enti locali per intervenire nelle aree urbane consolidate, con il coinvolgimento di risorse economiche e professionalità private. Le città metropolitane ed i comuni, anche con la partecipazione della provincia e della regione, possono costituire società per azioni miste pubblico-private per progettare e realizzare interventi di trasformazione urbana in attuazione degli strumenti urbanistici vigenti. A tal fine provvedono alla preventiva acquisizione delle aree interessate dall'intervento, alla trasformazione ed alla commercializzazione delle stesse.
L'art. 7, comma 1, della Legge 8 febbraio 2001, n°21, al fine di promuovere la costituzione da parte dei comuni e delle città metropolitane delle *società di trasformazione urbana* di cui all'art. 120 del Decreto Legislativo 18 agosto 2000, n°267 ha disposto il finanziamento, da parte di questo Ministero, degli studi di fattibilità, delle indagini conoscitive necessarie all'approfondimento della realizzabilità economica, amministrativa, finanziaria e tecnica delle ipotesi di trasformazione deliberate dal Consiglio Comunale, nonché degli oneri occorrenti alla progettazione urbanistica.

[111] I *Contratti di Quartiere* consistono in progetti di recupero urbano (edilizio e sociale) promossi dai Comuni in quartieri segnati da diffuso degrado delle costruzioni e dell'ambiente urbano, e da carenze di servizi in un contesto di scarsa coesione sociale e di marcato disagio abitativo. Rientrano nella tipologia dei *programmi complessi* delle esperienze comunitarie URBAN e dei CONTRACTS DE VILLE francesi e belgi.
La legge 662/96 (art. 2 comma 63 lettera b), destinava 200 miliardi a interventi sperimentali. A tale importo si aggiungevano 100 miliardi di cui alla lettera c) del medesimo comma ed articolo della citata legge. Dato l'importo dei fondi disponibili, si ritenne opportuno fissare i limiti minimo (3 miliardi) e massimo (20 miliardi) dei finanziamenti del singolo intervento. Sulla base di questa norma si sono finanziati i primi *contratti di quartiere*.
La prima esperienza italiana è stata quella del bando di concorso contratti di quartiere del Ministero dei Lavori Pubblici del 1998, relativo ad interventi di riqualificazione di insediamenti di edilizia residenziale pubblica. Il bando prevedeva il finanziamento delle sole opere urbanistico-edilizie, ma si poneva comunque obiettivi generali di sostenibilità, poiché richiedeva forme di partecipazione degli abitanti, l'uso di tecnologie per il risparmio energetico e l'integrazione degli interventi con altre iniziative di tipo sociale ed economico.
Una seconda generazione di *contratti di quartiere* è stata finanziata dalla legge della Regione Lazio n°10 del 2001 per programmi di riqualificazione della periferia romana. Il finanziamento in questo caso era più specificatamente diretto ad interventi di sviluppo locale in quanto finanziava sia gli interventi urbanistico-architettonici che le misure di sostegno sociale e di promozione dell'economia locale.
Il Ministero delle Infrastrutture, con Decreto 30 dicembre 2002, ha poi lanciato il bando di concorso per i CONTRATTI DI QUARTIERE II. Rispetto al bando del 1998 sono specificati meglio gli obiettivi sociali ed economici e il ruolo della partecipazione dei cittadini nella definizione degli obiettivi del contratto.

The sustainable city is possible
A possible strategy for recovering urban quality and local economies
Ettore Maria Mazzola

the private investor, obliging him or her to accept the projects and subcontract conditions.

In this program of urban renewal ecology, sociology, local traditions and economies, together with the tourist industry, could play the role of leading actors for the economic revival of the country, finally freed from the grasp of globalization.

Previously, it was made a point about the System of *project financing*, so we need to explain why.

Nowadays *project financing* – or *project finance* – is a financing of works of public benefit, inspired by countries of Anglo-Saxon origin and widespread in various European countries. In this System, one or more subjects (called *promoters*), propose to a Public Administration finance, to carry out and manage a public work – whose plan has been approved – in exchange for the cash-flow earnings, produced by efficient management.

The participation of private subjects not only in the carrying out and management, but primarily in bearing the overall burden of public works costs with future earnings in view, is the main feature of that financial operation.

A criterion similar to this one, in effect between 1840 and 1860, made it possible to build most of the European railway network.

The philosophy of *project financing* is basically that of involving the private sector in a public project, and encouraging it to find a way for itself and the community to derive earnings from a piece of land or a good that would otherwise not be used for lack of public funds.

The present limitation of this System, or rather, of its *"Italian version"*, is that, because town planning continues to proceed *"in colour spots"* (zoning) – for which development plans provide for the assignment of functions without considering the shapes and character of what they will have to contain – or for the lack of funds as a consequence of continued budget cuts by local administrations, the latter, unable to obtain valid and decent projects, tend to subcontract the project itself to the promoters.

As a result, both the architectural quality and the durability of the projects as carried out rarely, or perhaps never, produce something positive for the community. Ironically, these projects – always point by point and never extended to an entire urban territory – are constantly presented, with all the attendant rhetoric, as urban renewal.

As was well understood by the premises, we maintain that to perform real "renewal" work for our cities it is absolutely indispensable to operate

La città sostenibile è possibile
Una strategia possibile per il rilancio della qualità urbana e delle economie locali
Ettore Maria Mazzola

posizione da parte dell'investitore privato, obbligandolo anzi ad accettare i progetti e le condizioni d'appalto.

In questo programma di riqualificazione urbana l'ecologia, la sociologia, le tradizioni e le economie locali, insieme all'industria del turismo, potrebbero esercitare il ruolo degli attori principali per un risveglio economico del Paese, finalmente libero dalla morsa della globalizzazione.

Precedentemente si è voluto fare un appunto circa il sistema del *project financing*, urge spiegarne le ragioni.

Oggigiorno il *project financing* – o *finanza di progetto* – è una operazione di finanziamento di opere di pubblica utilità di ispirazione anglosassone, molto diffusa in diversi Paesi europei. Con questo sistema, uno o più soggetti (definiti *promotori*), propongono ad una Pubblica Amministrazione di finanziare, eseguire e gestire un'opera pubblica – il cui progetto è stato già approvato – in cambio degli utili che deriveranno dai flussi di cassa (*cash flow*), generati per l'appunto da una efficiente gestione.

Il coinvolgimento dei soggetti privati, non solo nella realizzazione e gestione, ma primariamente nel totale carico dei costi di opere pubbliche in vista di futuri guadagni, è la caratteristica principale di tale operazione economica.

Un criterio simile ad esso è quello che, tra il 1840 ed il 1860, consentì la realizzazione e gestione di gran parte della rete ferroviaria europea.

La filosofia del *project financing* è sostanzialmente quella di coinvolgere il privato in un progetto pubblico, e di spingerlo a trovare il modo di far fruttare, per sé e per la comunità, un terreno o un bene che altrimenti resterebbero inutilizzati per carenza di fondi pubblici.

Il limite attuale di questo sistema, o meglio della sua *"versione all'italiana"*, è quello che, vuoi perché in Italia l'urbanistica si continua a progettare *a macchie di colore* (*zonizzazione*) – per cui nei PRG si prevede la destinazione d'uso di una determinata area, senza alcuna considerazione per le forme e il carattere dell'edificio/i che dovrà contenerla – vuoi per la mancanza di fondi conseguente i continui tagli ai bilanci delle amministrazioni locali, queste ultime, non potendosi dotare di progetti validi e decenti, tendono ad appaltare ai promotori anche il progetto.

Ne scaturisce che, sia la qualità architettonica che la durevolezza dei progetti realizzati raramente, o forse mai, corrisponde ad un risultato positivo per la collettività. La cosa ironica è che questi progetti – sempre a carattere puntiforme e mai estesi ad un intero territorio urbanistico – costantemente vengono presentati, con tutta la retorica del caso, come interventi di riqualificazione urbana.

so that there are no imbalances in resources between the center and the out-lying areas, and, above all, that administrators do not limit themselves to carrying out *point by point "designers" works*, but they aim to perform *district territorial works*, that is, ones that are respectful of the residents.

The Strategy here imagined, as it was explained in a previous book[112], is basically that.

In view of the fact that the land is public, and the administrations can thus sell it or make it available to private subjects – *promoters* according to the criterion for *project financing* – to construct the necessary works to give a new "respectable" face to decaying districts, (*District Contracts*), the Munic-ipalities themselves can do what land owners did the time of Cardinal De Merode.

As will be recalled the criterion of the "*convenzione*", the land owner traced out – for his own exclusive interest – the town plan and building types, and the Municipality, as a "sign of gratitude" for the fact that it had sold him the land necessary to build roads, authorized the works and took over all the expenses for the completion and maintenance of the works in primary and secondary urbanization.

Now however, it would be possible to proceed as follows: in ex-change for the sale of the public land, or long-term granting of it – in view of the fact that the law of *project financing* provides for it – as well as for the possibility of earning a profit from the buildings constructed, the private individuals, gathered into consortia, cooperatives or whatever – as long as the role of small and medium entrepreneurs as well as local craftspeople was protected – could take it upon themselves, at their own expense, to carry out the projects established by the public administrations, with re-spect for local traditions, as well as the construction of the infrastructures necessary to sustain them.

At this point having created their own designs capable of guaranteeing maintenance costs of little effect over time, they could easily take on the bur-den of the management and maintenance expenses of the public works and infrastructures. It is understood that all that concerns the private works can be managed by the owners according to what is already provided for in the Code of Civil Procedure.

Returning to the educational role of the historical laws, it follows that it will be necessary to rediscover what the building-incentive mechanism

---

[112] E. M. Mazzola, *Verso un'Architettura Sostenibile, ripensare le nostre città prima che collassino – Toward Sustainable Architecture, recreating our cities before they collapse*. Gangemi Edizioni, Rome 2007.

La città sostenibile è possibile
Una strategia possibile per il rilancio della qualità urbana e delle economie locali
Ettore Maria Mazzola

Come si è ben capito dalle premesse si ritiene che, per operare dei reali interventi "riqualificanti" per le nostre città, sia assolutamente indispensabile agire in modo che non vi siano ingiuste distribuzioni tra centro e periferia, e soprattutto che gli interventi non si limitino a realizzare *edifici puntiformi griffati*, ma che riguardino *interventi territoriali di quartiere*, ovvero opere rispettose dei residenti.

La strategia che qui si ipotizza, come si è avuto modo di spiegare in una precedente pubblicazione[112], è sostanzialmente questa.

Considerando che i terreni sono pubblici, e che le amministrazioni possono dunque venderli o metterli a disposizione dei privati – *promotori* secondo il criterio del *project financing* – per costruire le opere necessarie a dare una nuova fisionomia "qualificante" ai quartieri degradati, (*Contratti di Quartiere*), i Comuni stessi possono fare l'operazione inversa a quella che all'epoca del cardinale De Merode veniva fatta dal proprietario terriero.

Come si ricorderà, con il criterio della "*convenzione*", il proprietario terriero tracciava – nel suo esclusivo interesse – lo schema urbano e le tipologie edilizie da realizzare, e il Comune, come "segno di riconoscenza" del fatto che gli era stato venduto il terreno necessario per realizzare delle strade, autorizzava i lavori, e si accollava tutte le spese per la realizzazione e manutenzione delle opere di urbanizzazione primaria e secondaria.

Diversamente, oggi si potrebbe procedere in questo modo: in cambio della vendita dei terreni demaniali, o della loro concessione a lungo termine – visto che la norma del *project financing* prevede questa eventualità – nonché della possibilità di ricavare un utile dai realizzandi edifici, i privati, riuniti in consorzi, cooperative o quello che sarà – a patto che venga tutelato il ruolo della piccola e media imprenditoria e dell'artigianato locale – potrebbero impegnarsi a realizzare, a loro spese, sia i progetti redatti dalle amministrazioni pubbliche nel rispetto della tradizione locale, sia le infrastrutture necessarie alla loro vita.

A questo punto, le amministrazioni che hanno provveduto in proprio alla elaborazione di progetti che garantiscano costi di manutenzione ininfluenti nel medio e lungo termine, potrebbero tranquillamente assumersi anche l'onere delle spese di gestione e manutenzione delle opere pubbliche e infrastrutturali. Resta inteso che, tutto ciò che riguarda le opere private, potrà essere gestito dai proprietari secondo quanto già previsto dal Codice di Procedura Civile.

---

[112] E. M. Mazzola, *Verso un'Architettura Sostenibile, ripensare le nostre città prima che collassino – Toward Sustainable Architecture, recreating our cities before they collapse.* Gangemi Edizioni, Roma 2007.

was, from State participation in payment of mortgage interest, to temporary tax exemption for new buildings, special conditions for having access to contributions, criteria for avoiding unequal distributions, to incentives for bringing the crafts back to the building sector and for the creation of public housing that show themselves to be more than ever integrated in a mixed social fabric, etc.

In view of the dual objective of reducing costs and reviving local small and medium enterprises, it will, in any case, be necessary to provide for eliminating the shameful existence of clandestine labour, and improving worker safety. To accomplish this, it will be absolutely necessary to avoid – even strictly forbidding – *subcontracting* systems and awarding *contracts at the maximum discounts*, since these two are the factors that cause the short circuit at the origin of the ills of clandestine work and deaths on the job. There is no need for a particular science to understand that when a "large enterprise" is awarded a contract at the maximum discount, then it subcontracts the works to a smaller one – which often subcontracts the job in its turn – since there are too many people present who must earn a profit, someone will bear the consequences…

What is interesting is that with the present laws, in order to be able to take part in contract bidding – e.g. the so-called *Merloni Laws* – the State pretends that the companies, but also the professionals, must demonstrate that they possess specific credentials … it follows that it is always the same companies and professionals who come out victors in the bidding, and they then see to financially "strangling" the small and medium enterprises or young professionals (acquiescent because they need the work) who really complete the job! … All this is so because, according to the laws mentioned, that type of credential serves to guarantee the final result of the job. So much for that!

Everyone knows this but no-one says it. We think it's time to stop this!

The lesson of the first twenty years of existence of the ICP of Rome teaches us that it is not the big name of the company, or of the professional either, that will guarantee the quality and cost efficiency of the final result of a work, but the system of competition (the more who take part, the better it is), and the need to gain good advertising simply by leaving an unanimously successful building intervention. Indeed this will automatically generate the system of pass the word.

A company, or a professional, who leaves behind the memory of poor construction, of wasting money, will automatically be out of the market … if to this is added the fact that present laws provide, in addition to creden-

Tornando al ruolo pedagogico delle leggi storiche, va da sé che sarà necessario riscoprire quello che fu il meccanismo degli incentivi per l'edilizia, dalla partecipazione dello Stato al pagamento degli interessi di mutuo, all'esenzione temporanea dell'imposta sui nuovi fabbricati, dalle condizioni particolari per accedere ai contributi, ai criteri per evitare sperequazioni, fino agli incentivi per la ri-formazione dell'artigianato nel settore edile, e quelli per la realizzazione di alloggi popolari, che risultino più che mai integrati all'interno di un tessuto sociale misto, ecc.

In vista del duplice obbiettivo della riduzione dei costi e del rilancio della piccola e media imprenditoria locale, bisognerà comunque provvedere ad eliminare la vergognosa esistenza del lavoro nero, e a salvaguardare gli operai in materia di sicurezza. Per far questo si dovrà assolutamente evitare – magari tassativamente vietandoli – i sistemi del *subappalto* e dell'*aggiudicazione degli appalti al massimo ribasso*, poiché questi sono i due fattori che generano il cortocircuito all'origine delle piaghe del lavoro sommerso e delle "morti bianche" … non ci vuole certo una scienza particolare per capire che, quando una "grande impresa" si aggiudica un appalto al massimo ribasso per poi subappaltare le opere ad un'impresa più piccola – che spesso subappalta a sua volta il lavoro – essendoci troppe figure che devono avere un profitto finale qualcuno ci verrà a rimettere …

La cosa interessante è che, con le leggi attuali, per poter partecipare ad una gara d'appalto – p.es. le cosiddette *Leggi Merloni* – Lo Stato ha pensato che per tutelarsi da possibili problemi occorre che le imprese, ma anche i professionisti, debbano dimostrare di avere determinate credenziali … ne consegue che siano sempre le stesse aziende e professionisti a risultare vincitori negli appalti; successivamente, questi "blasonati dell'edilizia", risultati vincitori in quanto tali, provvedono a "strangolare" economicamente le piccole e medie imprese, o i giovani professionisti (compiacenti per fame di lavoro), che realmente realizzeranno l'opera! … Tutto questo perché, secondo le leggi menzionate, quel tipo di credenziali servirebbe a garantire il risultato finale dell'opera. Mah!

Tutti lo sanno ma nessuno lo dice, sarebbe ora di smetterla!

La lezione dei primi venti anni di vita dell'ICP di Roma, ci insegna invece che non è né il grande nome dell'azienda, né tanto meno quello del professionista, a garantire la qualità e l'economicità del risultato finale di un'opera, bensì il regime di concorrenza (più si è a partecipare, meglio è), nonché la necessità di farsi una buona pubblicità lasciando qualcosa di cui si possa andare orgogliosi. Un intervento edilizio considerato unanimemente riuscito, genera automaticamente il sistema del passaparola.

tials, for obligatory insurance to guarantee the job, it is honestly not clear why a bidder has to show a stratospheric turnover and an exaggerated number of employees, and even less, how anyone can claim to want to provide incentives for a change in generation undercutting young professionals and entrepreneurs from the start!

To confirm how false that law is, it's important to recall that on 14 February 2007[113] the State Auditors' Department of the Lazio Region initiated investigation to understand why costs for the construction of the New Museum of the Ara Pacis had doubled (thus far, € 16.000.000 have been spent) … well, as for this subject, the reader just think that the heads of Monuments and Fine Arts Office, at the time of the mass contestation of the irregularity in commissioning Richard Meier to perform the job had the courage to say: «*There is no question about Meier, his name is equivalent to a guarantee!*»

So that, since the citizens' protests could do nothing to stop the dictatorial imposition of Meier's outrageous creation, we can at least hope that its financial, urban and architectural failure will serve to defeat the star system once and for all, since it has been shown that it leads to nothing good.

Other stories like this one, according to newspapers, are regarding other stars like Frank Gehry, summoned by the Mit of Cambridge (Boston) for his flop of the «*Ray and Maria Stata Center*», or Santiago Calatrava for the problems of *Palau de les Arts*, (the *Opera Theatre in Valencia*)[114] , but also our Renzo Piano, who was subjected to much criticism for the New York Times' Skyscraper,[115] etc.

Returning to the initial subject, independently of the most recent legislative tools that were mentioned and that all politicians and professionals know very well, we think that it is appropriate to summarize the main laws and operational tools of a historical nature – which have been spoken of in detail – to which reference should be made to make this model of urban renewal and revival of local economies possible.

As far as the laws are concerned, we are referring to the criteria set forth in the D.L. of 23 March 1919 nr 455, D.L. nr 1040 of 19 June 1919, or the even more generous ones of the R.D.L. nr 2318 of 30 November 1919, then the conditions set forth by the R.D.L. nr 16 of 8 January 1920 and R.D. nr 1636 of 8 November 1921.

---

[113] See *La Repubblica*, 15 febbraio 2007, Page 31, section Cronaca, and Renata Mambelli's "*Ara Pacis, costi lavori raddoppiati*", Pag. 4, section Cronaca di Roma.

[114] Alberto Flores d'Arcais "*Le grandi opere fanno acqua vacilla il mito dei super-architetti*". La Repubblica — November 8, 2007, page 31, section Politica Estera.

[115] "*Il New York Times stronca il grattacielo di Renzo Piano*". La Nuova Sardegna — 21 November 21, 2007, page 41, section Spettacolo. And Alessandra Farkas "*E il New York Times boccia il "suo" architetto Renzo Piano*". In Il Corriere della Sera — November 21, 2007, page 23.

La città sostenibile è possibile
Una strategia possibile per il rilancio della qualità urbana e delle economie locali
Ettore Maria Mazzola

Una ditta, o un professionista, che lascia di sé il ricordo di una cattiva qualità edilizia, o quello dello sperpero di denaro, sarà automaticamente fuori dal mercato ...

Se a questo si aggiunge che le menzionate leggi attuali prevedono, in aggiunta alle credenziali, la necessaria stipula di un'assicurazione a garanzia dell'operato, onestamente non si comprende né perché si debba dimostrare un fatturato stratosferico e un numero di dipendenti esagerato, né tanto meno come si possa dichiarare di promuovere un ricambio generazionale se si tagliano in partenza le gambe dei giovani professionisti e imprenditori!

A conferma della falsità di questa norma, si ricorda che, il 14 febbraio 2007[113], la Corte dei Conti della Regione Lazio ha aperto una inchiesta per comprendere la ragioni del raddoppio dei costi per la costruzione del nuovo Museo dell'Ara Pacis (ad oggi si sono spesi ben € 16.000.000) ... ebbene, a tal proposito il lettore deve sapere che i sovrintendenti, all'epoca delle contestazioni di massa sul modo irregolare con cui era stato commissionato l'incarico a Richard Meier, ebbero il coraggio di affermare: «*Meier non si discute, il suo nome è sinonimo di garanzia!*»

Dunque, visto che le contestazioni cittadine nulla poterono per fermare l'imposizione dittatoriale dell'obbrobrio di Meier, speriamo almeno che il suo fallimento economico, urbanistico e architettonico, serva a debellare, una volta per tutte, il sistema dello star-system; poiché è stato ampiamente dimostrato che non porta a nulla di buono.

Storie simili a quella di Meier, a giudicare dai giornali, vedono coinvolti Frank Gehry, chiamato in tribunale dal Mit di Cambridge (Boston) per il flop del «*Ray and Maria Stata Center*», oppure Santiago Calatrava, per i problemi del *Palau de les Arts* (il Teatro dell' Opera di Valencia)[114], ma anche il nostro Renzo Piano ha avuto le sue belle critiche per il nuovo grattacielo del New York Times[115], ecc.

Tornando al discorso iniziale quindi, indipendentemente dagli strumenti normativi più recenti che sono stati citati, e che tutti i politici e professionisti ben conoscono, si ritiene giusto riassumere quelli che sono i principali testi di legge, nonché gli strumenti operativi di carattere storico – di cui si è detto in dettaglio – ai quali dovrebbe farsi riferimento per rendere

[113] Cfr. *La Repubblica*, 15 febbraio 2007, pagina 31, sezione Cronaca, e l'articolo di Renata Mambelli "*Ara Pacis, costi lavori raddoppiati*" a Pag. 4, sezione cronaca di Roma.
[114] Cfr. articolo di Alberto Flores d'Arcais "*Le grandi opere fanno acqua vacilla il mito dei super-architetti*". La Repubblica — 08 novembre 2007, pagina 31, sezione Politica Estera.
[115] Cfr. articolo "*Il New York Times stronca il grattacielo di Renzo Piano*". La Nuova Sardegna — 21 novembre 2007, pagina 41, sezione: Spettacolo

The sustainable city is possible
A possible strategy for recovering urban quality and local economies
Ettore Maria Mazzola

As for operational tools, the reference goes to the usefulness of re-creating governmental entities, of the *Central Building Committee* type, and state-controlled ones, such as the *National Building Union*, capable of managing the process all over Italy, perhaps limiting the area of operations to a regional or provincial level – especially in the case of the so-called metropolitan areas, which cannot be considered in the same manner as the small Sicilian or Valle d'Aosta towns.

What is certain is that a *technical and artistic commission* should be reinstated, similar to the one that operated alongside the *Unione Edilizia Nazionale* at the height of its glory. This committee, however, now more than ever, should enhance its work with urban sociologists who, prior to the projects, should operate in the field, taking inspiration from the works of Orano, Montemartini, Schiavo, Casalini, etc., to become informed on what the real needs are, the will and expectations of the inhabitants of the districts to be "improved".

A structure, would thereby be set up, for each action, similar to that of the *Committee for the Economic and Moral Improvement of Testaccio*, but even richer and more highly qualified, in support of architects and town-planners. These people should then perform the function of *turning the expectations of the people into three dimensions* ...

If the reader has been alert, he or she will note that this idea is not an utopia of the writer, indeed it is nothing more than the lesson left to us by Orano, Magni and Pirani, one which the post-war town planners show that they have not prepared!

In actual practice, rather than continuing to have *architect - planners who design for the people, dictating how they should live*, we could have, as was the case at the time of the Committee for the Economical and Moral Improvement of Testaccio, *the people who suggest to the architect-planners how to design the spaces for the life that they would like to live!*

In these *urban re-compacting and renewal projects*, which we could perhaps call *participation town planning*, sociologists should also take on the delicate task of moderation during the debates as the work proceeds. This becomes necessary so that the citizens will not once again have to submit passively to the architect's, politician's or speculator-of-the-moment's decisions.

The *good fortune* of having such a large amount of land at their disposition is such that local administrators will find it easier to play the role of attenuating building speculation. This new real-estate condition should also facilitate the return of large amounts of land to farming, up to now severely penalized by *sprawling*, expanding cities.

La città sostenibile è possibile
Una strategia possibile per il rilancio della qualità urbana e delle economie locali
Ettore Maria Mazzola

possibile questo modello di riqualificazione urbanistica e rilancio delle economie locali.

A livello normativo, ci si riferisce ai criteri stabiliti dai D.L. del 23 marzo 1919 n°455, D.L. n°1040 del 19 giugno 1919, o quelli ancora più generosi del R.D.L. n°2318 del 30 novembre 1919, e poi ancora alle condizioni stabilite dal R.D.L. n°16 dell'8 gennaio 1920 e dal R.D. n°1636 dell'8 novembre 1921.

A livello di strumenti operativi, il riferimento va invece all'utilità di ricreare delle entità statali, sul genere del *Comitato Centrale Edilizio*, e parastatali, sul genere dell'*Unione Edilizia Nazionale*, in grado di gestire il processo su tutto il territorio nazionale, magari limitandone il campo operativo a livello regionale o provinciale – soprattutto nel caso delle cosiddette aree metropolitane, che non possono essere considerate alla stessa stregua dei piccoli comuni siciliani o valdostani.

Ciò che però è certo, è che sarebbe il caso di ripristinare, accanto a questo Ente, la presenza di un *comitato tecnico-artistico*, sul genere di quello che affiancò l'*Unione Edilizia Nazionale* nel periodo del suo massimo splendore, comitato che però, in questo momento più che mai, dovrebbe arricchirsi della presenza di sociologi urbani i quali, preventivamente agli interventi, dovrebbero operare sul campo, traendo ispirazione dall'opera di Orano, Montemartini, Schiavo, Casalini, ecc., al fine di raccogliere quelle che sono le vere esigenze, le volontà e le aspettative degli abitanti dei quartieri da "riqualificare".

Così facendo, per ogni intervento urbanistico verrebbe a configurarsi una struttura simile a quella del *Comitato per il Miglioramento Economico e Morale di Testaccio* – ma anche più ricca e qualificata – in grado di dare un valido supporto agli architetti ed urbanisti. Il ruolo di questi ultimi diverrebbe così quello di *tradurre in tre dimensioni* le aspettative della gente …

Se il lettore è stato attento, noterà che questa idea non riguarda un'*utopia* di chi scrive, essa infatti altro non è che la lezione lasciataci da Orano, Magni e Pirani, lezione sulla quale gli urbanisti, dal dopoguerra ad oggi, si sono dimostrati gravemente impreparati!

In pratica, piuttosto che continuare ad avere una schiera di *architetti-urbanisti che progettano per la gente, imponendogli come dovrà vivere*, potremmo avere, come all'epoca del Comitato per il Miglioramento Economico e Morale di Testaccio, *la gente che suggerisce agli architetti-urbanisti come progettare gli ambienti per la vita che desidererebbe vivere!*

The sustainable city is possible
A possible strategy for recovering urban quality and local economies
Ettore Maria Mazzola

As it was said in previous publications, to make it possible the cities' re-compacting it will be necessary to proceed in phases, making sure that the new buildings become available before the residents have been moved.

On this subject it is useful to think about what history teaches us, that is in the process of industrializing a city, a migratory flow towards the workplace in the lower classes linked to the industries is created – this is what happened in Rome, for example, when the inhabitants of the area now occupied by the *Oca district* spontaneously moved towards the Testaccio district, as the headquarters of the slaughter-house "*Mattatoio*" was changed at the end of the nineteenth century.

Analogously to this "*migratory flow*", we should be sure that, if this proposed model of urban renewal would be carried out, in a sort of *synoecism* (συνοικισμός[116]), many of the moves will be spontaneously accepted, as a result of the advantages offered by the urban and architectural features of the new buildings, as well as the tax advantages that the State may grant. Some sort of "compensation" will obviously be necessary: an economically painless move from one apartment building to another.

As it was observed in a previous book, but as James Howard Kunstler in particular observed[117], considering the fact that it will be useful to have us prepare for the drastic economic changes that will take place as the cheap petroleum era ends, one believes that it is necessary to think quickly about how to create a new society based on local economies. This will be easy for us if we are wise enough to benefit from the historical information we referred to previously.

Here, then, is how this model of *urban renewal* could be achieved through the re-compacting of the "*sprawl city*".

1. Every district – or one presumed to be such – should be studied and circumscribed using the time unit of measure of the so-called *5 minutes walk* (about 800 – 1,000 meters [2624,67 – 3280,84 ft.] in diameter). This is the urban di-

---

[116] *Synoecism* (Ancient Greek: συνοικισμός) is the amalgamation of villages and small towns in Ancient Hellas into larger political units such as a single city. It is the process throygh which democracy in the Ancient Greek world originated and developed. The word itself means "dwelling together" or "to unite together under one capital city". Synœcism is opposed to the Greek word διοικισμός (dioikismós) that means *dismemberment* of a submitted country.

[117] «[…] *We can be certain that the price and supply of fossil fuels will vary and there will be interruptions in the future period that I call "the long emergency". The decline if fossil-fuel supplies will surely give rise to chronic conflicts among nations which fight over what remains. These wars for resources have already begun. More will come along, and will probably go on for decades, worsening a situation which itself could destroy several civilizations. The degree of suffering in Italy will certainly depend on how tenaciously we seek to cling to obsolete habits, customs and convictions such as the Americans have done as they decided to fight to maintain their suburban styles of life, which simply do not have any rational justification*». Taken from: James Howard Kunstler *The Long Emergency – Surviving the End of the Oil Age, Climate Change, and Other Converging Catastrophes of the Twenty-first Century*, 2005. Atlantic Monthly Press. Italian version: *Collasso – Sopravvivere alle attuali guerre e catastrofi in attesa di un inevitabile ritorno al passato*. 2005, Edizioni Nuovi Mondi Media.

In questi *progetti di ricompattamento e riqualificazione urbana*, progetti che potremmo forse definire di *urbanistica partecipata*, il sociologo dovrebbe svolgere anche il delicato compito di moderatore nel dibattito in corso d'opera. Questo aspetto si rende necessario, affinché i cittadini non debbano nuovamente subire, in modo passivo, le decisioni dell'architetto, del politico o dello speculatore di turno.

La *fortuna* di avere una così cospicua proprietà fondiaria da parte delle amministrazioni locali, garantirà loro uno svolgimento agevole del ruolo di calmiere contro la speculazione edilizia. Questa nuova condizione fondiaria dovrebbe altresì facilitare la restituzione di vasti territori all'agricoltura, fino ad oggi gravemente penalizzata dall'espansione speculativa *a macchia d'olio* delle città.

Come è stato esposto nelle precedenti pubblicazioni, per rendere possibile il ricompattamento delle città si dovrà procedere per fasi, assicurandosi di disporre delle nuove costruzioni prima di immaginare lo spostamento dei residenti.

È utile a tal proposito riflettere sul fatto che, la storia urbana ci insegna, nel processo di industrializzazione di una città, all'interno dei ceti popolari legati alle attività industriali, viene a generarsi un flusso migratorio interno verso il luogo di lavoro – questo è ciò che avvenne per esempio a Roma quando, in concomitanza col cambiamento di sede del Mattatoio alla fine dell''800, si verificò il trasferimento spontaneo degli abitanti della zona oggi occupata dal *quartiere dell'Oca* verso il quartiere Testaccio.

Analogamente a questo *"flusso migratorio"* potremmo essere certi che, nella fase attuativa del modello di riqualificazione che si sta proponendo, in conseguenza dei vantaggi offerti a livello urbanistico-architettonico, e dei benefici fiscali che lo Stato vorrà concedere, una buona parte degli *"spostamenti"* avverrà in maniera spontanea, in una sorta di *sinecismo* (συνοικισμός)[116]. Resta ovviamente chiaro che si dovrà operare una sorta di "compensazione", vale a dire che dovrà esserci un passaggio indolore, in termini economici, da un immobile ad un altro.

---

[116] Con il termine *sinecismo* (in greco: συνοικισμός) si intende l'unificazione di entità politiche precedentemente indipendenti in una città od organizzazione statale.
Nell'antica Grecia questo fenomeno era determinato da esigenze politiche e necessità militari di rafforzamento, per le quali i villaggi o comunità rinunciavano alla propria autonomia in favore della città-stato e comportava sempre il comune riconoscimento di una o più divinità cittadine. Il termine significa "vivere insieme" o "unirsi in Città-Stato". Il sinecismo è l'opposto del Diecismo, termine raro, usato dalla storiografia per indicare l'operazione, imposta da una realtà egemone, di "smembramento" di una città sottoposta, invertendo gli effetti del sinecismo. Si trattava di un estremo provvedimento punitivo, che decretava la fine politica della vita di una comunità.

mension that enables residents to reach all points – and all services – of their district easily. This unit of measure, where established by chance or calculated, was understood as our historical centers were created, and these never developed sprawl and concentrically before the twentieth century. Our cities, in fact, are the result of development by MULTIPLICATION and DUPLICATION[118] of the initial and self-sufficient model;

2. Once the building areas are defined, in order to prevent new "*sprawl*" development, their edges should be clearly established. This can and must be done through careful study of roads for vehicles. It will thereby be possible to understand how to guarantee vehicle access to every building, devising a pedestrian alternative for the residents at the same time. In this case, the lesson of Venice, where every building serves both as a connection by water and on foot, as well as the lesson of the network of the Roman social housing quarter courtyards, should easily enable creation of the proper hierarchy among the city streets, leading to a drastic reduction in the sectioning of many of these, which have no reason to have the dimensions they have. This is basically the process that will lead to the "discovery" of a great many pieces of land, public and otherwise, than can be turned into areas for building;

3. the preceding point means elimination of useless rows of trees that suffer[119], as well as of anti-aesthetic parking areas along the streets. The spaces thereby gained will make it possible to create new buildings and squares, and, eventually, a system of underground parking that everyone can use … at least as long as we can afford to use automobiles. Parking areas can be developed along traditional lines and organized on one sole level for public parking, or in depth - with mechanized systems that reduce areas and costs - for private parking;

4. all the trees eliminated from the streets should obviously be moved and increased in what will become new district parks and gardens, placed to mark out city boundaries. New and additional trees will be placed in a pleasing and opportune fashion in internal courtyards inside city lots. These new parks and gardens will be able to provide playgrounds for children, bicycle paths, areas set up for sport, etc.;

5. truly new districts, will have to be equipped with all possible vital functions so that the social errors and problems caused by modernist zoning and responsible for *dormitory districts* can never be repeated. That means

[118] See Ettore Maria Mazzola, *Contro Storia dell'Architettura Moderna …*, op. cit.

[119] Ettore Maria Mazzola. *Verso un'Architettura Sostenibile. Ripensare le nostre città prima che collassino – Toward Sustainable Architecture. Recreating our cities before they collapse.* Gangemi Edizioni, 2007.

Come si sottolineava in una precedente pubblicazione, ma ancora di più come ha osservato James Howard Kunstler[117], considerando che *sarà utile farci trovare preparati ai drastici cambiamenti economici che si avranno con la fine dell'era del petrolio a buon mercato*, si ritiene indispensabile pensare rapidamente a come creare una nuova società basata sull'economia locale. E questo risulterà possibile farlo, traendo partito dalle informazioni storiche di cui si è detto in precedenza.

Ecco quelle che dovrebbero essere le fasi attuative di questo modello di *riqualificazione urbana* che prevede il ricompattamento della *"città dispersa"*.

1. Ogni quartiere – o presunto tale – dovrebbe essere studiato e circoscritto utilizzando l'unità di misura temporale dei cosiddetti *5 minuti a piedi* (circa 800 – 1.000 metri di diametro). È questa infatti la dimensione urbana che consente ai residenti di raggiungere agevolmente tutti i punti – ed i servizi – del proprio quartiere. Questa unità di misura, fortuita o calcolata che sia stata, è quella che ha sovrinteso alla realizzazione dei nostri centri storici i quali, prima del XX secolo, non si erano mai sviluppati in maniera caotica e concentrica. Le nostre città sono infatti il risultato di uno sviluppo per MOLTIPLICAZIONE e DUPLICAZIONE[118] del modello iniziale autosufficiente;

2. una volta definiti i tessuti edilizi, al fine di scongiurare nuovi sviluppi *"a macchia d'olio"*, ne andrebbero chiaramente precisati i loro margini. Questo potrà e dovrà farsi operando un attento studio della viabilità carrabile. Seguendo questo criterio, sarà possibile comprendere il modo per garantire l'accesso carrabile ad ogni edificio, pensando al tempo stesso ad un'alternativa pedonale per i residenti. Per far questo ci vengono in aiuto l'*insegnamento* di Venezia, dove ogni edificio è servito sia dai collegamenti via acqua che dai percorsi pedonali, e la *lezione* del reticolo di corti pedonali dei quartieri popolari romani. La conoscenza di questi esempi ci consente di definire una corretta gerarchia tra le strade – carrabili e pedonali – che preveda una riduzione drastica della sezione di molte di esse, molte delle quali non hanno alcuna ragione di essere così dimensionate. Questo è essenzialmente il processo che comporterà la "scoperta" di tanti suoli, demaniali e non, trasformabili in aree edificabili;

---

[117] «[…] *Possiamo stare certi che il prezzo e la fornitura di combustibili fossili subiranno oscillazioni e interruzioni nel periodo futuro che io definisco "la lunga emergenza". Il declino dei combustibili fossili avvierà sicuramente conflitti cronici tra nazioni che si contendono quel che ne rimane. Queste guerre per le risorse sono già iniziate. Ce ne saranno altre, che probabilmente si protrarranno per decenni aggravando una situazione che, già di per sé, potrebbe distruggere alcune civiltà. L'entità della sofferenza nel nostro paese dipenderà certamente dalla tenacia con cui cercheremo di rimanere aggrappati ad abitudini, consuetudini e convinzioni obsolete come, ad esempio, da quanto strenuamente gli americani decideranno di combattere per conservare stili di vita suburbani che semplicemente non hanno più una giustificazione razionale».* Estratto da: James Howard Kunstler *The Long Emergency – Surviving the End of the Oil Age, Climate Change, and Other Converging Catastrophes of the Twenty-first Century*, 2005. Atlantic Monthly Press. Versione italiana: *Collasso – Sopravvivere alle attuali guerre e catastrofi in attesa di un inevitabile ritorno al passato*. 2005, Edizioni Nuovi Mondi Media.

[118] Cfr. Ettore Maria Mazzola, *Contro Storia dell'Architettura Moderna …*, op. cit.

not only equitable distribution of *special buildings* (civic buildings, religious buildings, monuments, markets, etc.) in residential districts, but the need to create those urban sequences, made up of interconnecting squares large and small, capable of giving life to a pleasant pedestrian alternative to the city of automobiles;

6. in support of the preceding point, shopping malls, seen as entities in themselves, now unanimously seen as being responsible for the destruction of small and medium retail trade, and the consequent disappearance of pedestrians from the streets[120], will have to disappear! Or rather, in more diplomatic terms, they will have to turn into widespread commerce, meaning that their shops will have to be newly distributed along city streets, hopefully under porticoes that offer protection from bad weather for shoppers walking along the streets ... which means that the shops will have to return to being what they were before zoning came along;

7. taking inspiration from what was called *"operation palazzina"* carried out in the mid nineteen twenties in the Rome district of Garbatella, a mending operation should be undertaken – accompanied by demolitions and/or partial overpasses where necessary – of all those buildings that have now been isolated because of the obligatory and stupid *"distances to be observed"*. They will thereby come to be buildings belonging to more extended urban blocks, continuous and varied in height, inside of which it will be possible to arrange condominium gardens, possibly open to public passage, in accordance with that wise conception of private property which, on behalf of public utility, placed conditions on owners: having adopted it in the development of cities, not so very long ago, this concept has made it possible to create those functional and characteristic features which liven up historical centers, that is covered passages, loggias and porticoes, as well as the more modern gardens of internal courtyards of residential complexes of the Public Housing Commission, IRCIS, or INCIS, build in the nineteen thirties[121]: in this case, too, as in point 4, the green obtained would be more appropriately called just that, and would be paradise for plants and children!

8. as empty spaces are gradually filled, it will be possible to proceed with the demolition – total or partial – of the buildings that will be emptied

[120] Ettore Maria Mazzola, *Architettura e Urbanistica, Istruzioni per l'Uso – Architecture and Town Planning, Operation Instructions,* Gangemi Edizioni, Roma 2006.

[121] For more complete familiarity with the subject: Ettore Maria Mazzola, *Contro Storia dell'Architettura Moderna, Roma 1900-1940 – A Counter History of Modern Architecture, Roma 1900-1940,* Alinea Edizioni, Florence 2004.

La città sostenibile è possibile
Una strategia possibile per il rilancio della qualità urbana e delle economie locali
Ettore Maria Mazzola

3. il punto precedente comporta l'eliminazione delle inutili alberature sofferenti[119], così come quello degli antiestetici parcheggi, ai margini delle strade. Gli spazi che ne risulteranno consentiranno la realizzazione di nuovi edifici e piazze, con un eventuale sistema di parcheggi sotterranei a servizio di tutti … almeno fintanto che potremo permetterci di utilizzare le automobili. I parcheggi potranno svilupparsi in modo tradizionale e organizzati su un solo livello per il parcamento pubblico, oppure in profondità – con sistemi meccanizzati che riducono aree e costi – per quello che concerne il parcamento privato;

4. tutte le alberature che verranno rimosse dalle strade, andranno ovviamente spostate e incrementate all'interno dei nuovi parchi e giardini di quartiere, posti a definizione dei margini urbani. Nuove ulteriori alberature troveranno piacevole ed opportuna collocazione nelle corti pedonali interne ai lotti urbani. Questi nuovi parchi e giardini potranno ospitare campi di gioco per i bimbi, piste ciclabili, aree attrezzate per lo sport, ecc.

5. i nuovi quartieri, perché possano realmente definirsi come tali, dovranno risultare dotati di tutte le funzioni vitali possibili, in modo da non ripetere mai più gli errori e i problemi sociali creati dalla *zonizzazione* modernista responsabile dei *quartieri dormitorio*. Ciò si traduce non solo in una equa distribuzione degli *edifici speciali* (edifici pubblici, edifici religiosi, monumenti, mercati, ecc.) all'interno dei tessuti residenziali, ma sottintende anche la necessità di creazione di quelle *sequenze urbane*, costituite da piazze e piazzette collegate tra loro, in grado di dare vita ad una piacevole alternativa pedonale alla città delle automobili;

6. a supporto del punto precedente, i centri commerciali visti come entità a sé stanti, essendo ormai unanimemente riconosciuti come i responsabili della distruzione del piccolo e medio commercio al dettaglio, e della conseguente sparizione dei pedoni dalle strade[120], dovranno scomparire! O meglio, per essere più diplomatici, essi dovranno trasformarsi in commercio diffuso, vale a dire che si dovrà operare una re-distribuzione dei loro negozi lungo le strade cittadine, magari al di sotto di portici che consentano di proteggere dalle intemperie chi fa shopping passeggiando lungo le strade cittadine … il che vuol dire che i negozi dovranno tornare ad essere dov'erano prima della zonizzazione;

7. traendo ispirazione da quella che venne definita *"operazione palazzina"*, rea

---

[119] Ettore Maria Mazzola. *Verso un'Architettura Sostenibile – Ripensare le nostre città prima che collassino, Toward Sustainable Architecture – Recreating our cities before they collapse.* Gangemi Edizioni, 2007.

[120] Ettore Maria Mazzola, *Architettura e Urbanistica, Istruzioni per l'Uso – Architecture and Town Planning, Operation Instructions*, Gangemi Edizioni, Roma 2006.

one by one. This process should first of all apply to the so-called "eco-monsters", typical of town planning in the nineteen seventies and eighties. As has already been said, this process will lead to the return of enormous areas of land to nature, to be re-used as district parks, for farming or agritourism, etc., and as we have seen, they will serve to mark off the spaces planned;

9. at least as far as the large cities are concerned, this type of action will have to go hand in hand with the enhancement of public transport, which must not be polluting: new tramway lines, new trolley busses, hydrogen-powered busses, etc.;

10. as for the construction of social housing, we should make treasure of theories and experiences developed in the beginning of the Twentieth Century, contemplating the absolute integration of social classes rather than the marginalization of the unlucky ones. Social Housing districts should therefore be some simply conceived mixed use residential districts, where buildings with apartments of different dimensions and typology should be available, some of them to be low rented, or to be rent with the "ransom" system with promise of sale, or to be immediately sold. This kind of approach, in addition to the creation of an healthy fusion of resident people – that sociological experiences point to as responsible of cultural and behavioral improvement of the unlucky social classes – could also be useful to reduce the building costs of social dwellings: the opportunity of selling the shops, the offices and some of the apartments could reduce, or could even eliminate, the costs of construction of Social Housing. As we well know, this procedure is still used in Holland;

11. the new buildings will have to be designed with the knowledge of traditional architecture in mind, hence durable techniques and materials that consume little energy will have to be used. That means that the use of supporting walls will have to be encouraged, as well as arches, wood floors and beams, with steel beams and small brick arches. All this will help speed up construction of buildings and reduce maintenance costs on the one hand, on the other, it will make possible the cutting of restoration costs for the existing constructions, thanks to the re-training of an extensive and specialized labour force which, as such will be competitive;

12. electricity will have to be generated from renewable, alternative sources, for which reason every building will have to produce electricity autonomously, as well as heating and cooling, through the use of solar and/or photovoltaic systems appropriately designed so as not to disturb the appearance of the building;

La città sostenibile è possibile
Una strategia possibile per il rilancio della qualità urbana e delle economie locali
Ettore Maria Mazzola

lizzata alla metà degli anni '20 alla Garbatella di Roma, si potrà procedere ad un'operazione di ricucitura – accompagnata da demolizioni e/o sopraelevazioni parziali ove necessario – di tutti quegli edifici che oggi risultano isolati a causa delle obbligatorie, e stupide, *"distanze di rispetto"*. Così facendo, essi si verranno a configurare come corpi di fabbrica facenti parte di blocchi urbani più estesi, continui e variati in altezza, nelle cui corti interne sarà possibile organizzare giardini condominiali, possibilmente aperti al pubblico passaggio, secondo quella saggia concezione limitativa della proprietà privata che, per esigenza di pubblica utilità, imponeva delle condizioni al proprietario terriero: l'aver adottato – in un passato non troppo remoto – questa concezione nello sviluppo delle città, ha consentito di creare quegli elementi funzionali e caratteristici che animano i nostri centri storici, vale a dire i passaggi coperti, le logge e i portici, così come i più recenti giardini interni alle corti dei complessi residenziali dell'ICP, IRCIS o INCIS costruiti fino agli anni '30 del secolo scorso[121]: anche in questo caso, come al punto 4, il verde realizzato risulterebbe più definibile come tale, e farebbe la felicità delle piante e dei bambini!

8. mano a mano che si procederà al riempimento dei vuoti, si potrà incedere alla demolizione – totale o parziale – degli edifici che andranno via via svuotandosi, questo processo dovrà investire per primi i cosiddetti "eco-mostri", tipici dell'urbanistica degli anni '70 e '80 del secolo scorso. Questo processo, come si è detto, porterà ad una restituzione alla natura di enormi superfici di terreno, superfici che potranno essere riutilizzate come parchi di quartiere, o a scopo agricolo e/o agrituristico, ecc. e che, abbiamo visto, serviranno alla definizione dei margini dello spazio urbanizzato;

9. questo tipo di intervento, almeno per quello che riguarda le grandi città, dovrà andare di pari passo con il potenziamento del trasporto pubblico, che dovrà necessariamente risultare non inquinante: nuove linee tranviarie, nuovi filobus, autobus a idrogeno, ecc.;

10. per quanto attiene la costruzione dell'edilizia residenziale popolare, si dovrà far tesoro delle teorie e delle esperienze sviluppate all'inizio del XX secolo, mirando alla assoluta integrazione tra le classi sociali piuttosto che alla marginalizzazione di quelle meno fortunate. I quartieri popolari dovranno quindi risultare dei semplici quartieri residenziali ad uso misto, all'interno dei quali vi siano edifici con appartamenti di diverso taglio e tipologia da cedere in affitto a basso costo, o da cedere in affitto "a riscatto", oppure da essere venduti subito. Questo approccio, oltre a creare una salutare fusione tra i re-

[121] Per una più completa conoscenza dell'argomento: Ettore Maria Mazzola, *Contro Storia dell'Architettura Moderna, Roma 1900-1940 – A Counter History of Modern Architecture, Roma 1900-1940*, Alinea Edizioni, Firenze 2004.

13. wherever necessary, and pending adequate re-creation of artistic resources – since almost all of today's sculptors tend to consider sculpture
no longer a work of art but an object for consumption – in all the squares
and places where appropriate, it will be possible to place fountains, monuments and whatever else is necessary to create the symbolic and spatial
points of reference, making renewed use of many of the artefacts now
hidden away in dusty oblivion (museum storage deposits and archives),
which can never be placed on exhibition for the public for lack of museum space, or because of their minor artistic value. Cities, towns and archaeological finds will benefit enormously, to the temporary detriment
of hyper-protectionist jailers of art. One refers to those historians and cu-
rators, "*specialists*" involved in the Athens and Venice Charters. Probably, one day they will be able to see objects in the square that they had
forgotten to imprison in some warehouse or other, and they will be able
to free themselves from their preconceived notions, admiring, together
with others, what they did not even realize they had;

14. when the areas where work is to be performed are determined, public
administrators will then be able to proceed to bring in private subjects
who show interest, using criteria which could be those of PATTI TERRITO-
RIALI, PROJECT FINANCING or DISTRICT CONTRACTS, recalling what is written
in the law, «*the goals identified can be completely achieved only if, in addition
to the renewal investments pertaining to the public residential building sector,
further initiatives exist, undertaken by public administrators (ministries, regions, local and public bodies), as well as non-profit associations, volunteer organizations and private operators, inclined to promote occupation as well as economic and social development of decaying urban areas that are to be renewed*»;

15. to forestall possible complaints from owners of the apartment buildings
likely to be demolished – whether totally or partially – when the apartments turn out to be "*first homes*" or better "*permanent address*", the owners will have to be persuaded to move, assisted by subsidies and tax benefits, the payment of an indemnity proportional to the value of the building to be abandoned, the granting of subsidised loans, sharing of bank
interest by the State, total exemption from the tax on residential buildings for the complete duration of the mortgage or even longer. For owners whose apartments are not first homes, tax benefits will have to be
granted, but less than for the preceding case ... obviously it will not be
just or possible to grant exemption from the tax on residential housing
that is a capital-investment good rather than a necessity;

La città sostenibile è possibile
Una strategia possibile per il rilancio della qualità urbana e delle economie locali
Ettore Maria Mazzola

sidenti – che l'esperienza sociologica ci ha insegnato essere responsabile del miglioramento comportamentale e culturale dei ceti disagiati – potrebbe altresì aiutare a ridurre i costi di costruzione degli alloggi popolari: la possibilità di vendere i negozi, gli uffici e parte degli appartamenti può ridurre, se non addirittura eliminare, i costi di costruzione degli alloggi popolari. Si noti che questa procedura è tutt'oggi utilizzata in Olanda;

11. i nuovi edifici dovranno essere progettati basandosi sulle conoscenze dell'architettura tradizionale, dunque utilizzando tecniche e materiali durevoli e a basso consumo energetico. Ciò vuol dire che si dovrà incentivare l'impiego di murature portanti, volte, solai con travi in legno, solai con travature in acciaio e voltine a mattoni. Questo, se da un lato gioverà a velocizzare la costruzione degli edifici e ad abbattere i costi per la loro manutenzione, dall'altro consentirà la riduzione dei costi di restauro del patrimonio esistente, favorita da una nuova e vasta manodopera specializzata che, come tale, risulterebbe in regime di concorrenza;

12. l'energia elettrica dovrà utilizzare fonti alternative rinnovabili, ragion per cui ogni edificio dovrà provvedere autonomamente alla produzione dell'energia elettrica, del riscaldamento e del raffreddamento di cui necessita, mediante l'impiego di sistemi solari e/o fotovoltaici opportunamente progettati in modo da non danneggiare l'estetica dell'edificio.

13. ove risulterà necessario, in attesa anche di una ri-formazione artistica adeguata – visto che la quasi totalità degli scultori di oggi tende a considerare la scultura non più come un'opera d'arte ma come un oggetto di consumo – in tutte le piazze e luoghi che risulteranno opportuni, sarà possibile inserire fontane, monumenti celebrativi e quant'altro necessario a creare dei riferimenti simbolico-spaziali, operando il re-impiego di molti dei reperti attualmente nascosti nei dimenticatoi (depositi e archivi dei musei), che mai potranno essere esposti al pubblico per mancanza di spazi museali, oppure per il loro scarso valore artistico. Città, cittadini e reperti ne trarranno un enorme beneficio, probabilmente a discapito – solo momentaneo – dell'egoismo *iperprotezionista* dei carcerieri dell'arte. Ci si riferisce a quegli storici e conservatori, *"adepti"* delle Carte di Atene e Venezia i quali, probabilmente, vedendo un giorno esposti in piazza quegli oggetti che avevano dimenticato di aver imprigionato in qualche deposito, potranno riuscire a liberarsi dalle loro idee preconcette e ammirare, insieme agli altri, ciò che nemmeno loro sapevano di poter guardare.

14. definiti gli ambiti di intervento e i progetti, le pubbliche amministrazioni potranno dunque procedere ad invitare i soggetti privati che manifeste-

16. to reduce building costs, as well as for the necessary re-training of the labour force of craftspeople, all companies, co-operatives, consortia, etc., involved in the building process who demonstrate that they are operating specifically in that direction, will have to be able to benefit from one-time contributions, and/or subsidies, for the re-training of the building craftspeople involved;

17. further special contributions must be allocated to encourage the return to farming and the raising of animals which will use natural and organic methods. In this case, too, the action must be orientated towards interesting people in investing in this primary economic sector. We must not only reflect on the importance of the "organic", but also realize the degree to which political bodies pretend to be concerned about energy saving and eliminating greenhouse gasses, and that their words are pure rhetoric, when they encourage the importation of Spanish and Israeli citrus, Chilean grapes, Argentine and Dutch meats, North American grains, etc. On that subject think about *how much* fuel, lubricating oil *cost us* not only in economic terms, and the emissions required to make these importations possible;

18. although alternative energy sources exist, fortunately, people must be encouraged to change over to those that use renewal sources. If it is true that those who use solar and photovoltaic panels, or other eco-sustainable technologies should be granted a government financial contribution, the same should be done on behalf of those who use traditional walls. If it is true that that type of wall involves up to a 40% cut in winter-heating costs and up to 100% for summer cooling (since the need no longer arises), it is equally true that these end up reducing, in the same proportions, the emissions responsible for planet warming and air pollution, and as such, they must be granted benefits;

19. the public money saved for energy costs can then be invested in scientific research on the exploitation of renewable sources;

20. Finally, it should be advisable that both cities and smaller towns, united to form a cartel, would provide themselves of a system of waste disposal, capable of transforming rubbish into an economical and energetic resource for the community. We can see the scene of the small Italian towns of Sogliano al Rubicone to realize that this is possible: here indeed, the right use of the waste dump Ginepreto 1, almost invisible even if one of the biggest Italian waste dumps, thanks to the daily superficial work of covering, brings to the small town of three thousand inhabitants up to

ranno il loro interesse, utilizzando criteri quali per esempio quelli dei PAT-TI TERRITORIALI, del PROJECT FINANCING o dei CONTRATTI DI QUARTIERE, ricordando che, come recita la norma, «*le finalità individuate possono essere completamente raggiunte solo qualora, in aggiunta agli investimenti di recupero attinenti il settore dell'edilizia residenziale pubblica, siano presenti ulteriori iniziative poste in essere da altre amministrazioni pubbliche (ministeri, regioni, enti locali, enti pubblici), nonché da parte di associazioni senza fini di lucro, organizzazioni del volontariato e operatori privati, orientate a promuovere l'occupazione e lo sviluppo economico e sociale degli ambiti urbani degradati da riqualificare*».

15. per ovviare alle possibili rimostranze da parte dei proprietari degli immobili suscettibili di demolizioni – totali o parziali – qualora gli appartamenti risulteranno essere delle "*prime case*", i proprietari dovranno essere persuasi al "*trasloco*" mediante sovvenzioni e agevolazioni fiscali, dal pagamento di un'indennità proporzionale al valore dell'immobile da lasciare, alla concessione di mutui a tasso agevolato, dalla partecipazione dello Stato al pagamento degli interessi bancari, all'esenzione totale della tassa sugli immobili per l'intera durata del mutuo o ancora maggiore. Per i proprietari di appartamenti che invece non risultino essere le loro dimore principali, si dovrà comunque provvedere alla concessione di agevolazioni fiscali, ma in misura ridotta rispetto alle precedenti … ovviamente non sarà cosa giusta, né possibile, la concessione dell'esenzione della tassa sugli immobili che risultino beni d'investimento piuttosto che di necessità.

16. al fine di ridurre i costi di costruzione, nonché per la necessaria ri-formazione della manodopera artigianale, tutte le imprese, cooperative, consorzi, ecc., coinvolti nel processo edilizio che dimostreranno di operare specificatamente in quella direzione, dovranno poter beneficiare di contributi a fondo perduto, e/o sovvenzioni, per la riformazione dell'artigianato nell'edilizia.

17. ulteriori contributi speciali dovranno essere stanziati per incentivare il ritorno alla coltivazione delle terre e all'allevamento di animali che utilizzino metodi naturali e biologici. Anche in questo caso bisognerà far sì che la gente risulti interessata ad investire in questo settore economico primario. Non si tratta solo di riflettere sull'importanza del "biologico", bensì di rendersi conto di quanto risulti retorico, da parte degli organi politici, fingere di preoccuparsi per il risparmio energetico e per l'abbattimento dei gas serra, ma poi incentivare l'importazione di agrumi spagnoli e israeliani, uve cilene, carni argentine e olandesi, cereali nordamericani, ecc. Si rifletta a tal proposito sul *quanto ci costano*, in termini non solo economici, il combustibile, l'olio lubrificante e le emissioni necessarie a rendere possibile queste importazioni.

five millions of Euros per year thanks to the dumping tax paid from the garbage trucks, while, thanks to the wise use of the waste disposal system that allows to recover from the bottom of the garbage dump (so that without unpleasant external smells) the biogas that, opportunely treated, become methane; this once resell to the electric company provide roughly other five millions of Euro per year. In the meantime they also recover the percolate to be used for agriculture purposes. In this way the Commune is able to make profits for around 11.000.000,00 Euros per year, while its yearly budget is thirteen! This allows the Commune both to help its citizens in buying their houses, and reducing the local taxes too. Similar conditions, even more profitable, are to be found in the waste dump of Peccioli, nearby Forte dei Marmi where, also here without bad smells, all the citizens reunite into a joint-stock company, were able to invoice roughly 122.000.000,00 of Euros within ten years, deriving great benefits on fiscal, ecological and energetic levels for the whole community. All of this would be more profitable by imposing a rigorous policy of rubbish recycling.

As it was observed in a previous publication, this program, requiring a long time to be implemented, would lead to an immense amount of work for all the survivors of the industrial era.

Indeed, aside from a great many employees in the *secondary sector*[122], and all those in the *Tertiary Sector*[123] and the *high-tech service industry*[124], who would continue to carry on their preceding activities, there would be a multiplication of *almost extinct professions* such as those of the brick-layers, stone cutters, cabinet makers, stone carvers, glass cutters, carpenters, sculptors, painters, decorators, restorers, plasterers as well as of masons, woodworkers, builders, architects, landscape artists, engineers, surveyors, gardeners, tour operators, hotel keepers, restaurant owners, bar tenders, etc., who would have work to sell … but also, the countryside would once again be filled with farmers, animal farmers and farm hands interested in a "return to nature".

The immense breeding ground consisting of the worksites for new architecture and town planning, as it was pointed out many times, would contribute to the

[122] *"In economy"*: secondary production, manufacturing (distinct from farm production); the secondary sector (or s.m.), the economic sector involving the manufacture of industrial goods ~ Secondary Market, the complex of negotiations on already issued securities or, in any case, already placed among the investors – Dizionario della Lingua Italiana Devoto-Oli, Le Monnier.

[123] Done cheaply: t. sector. (or s.m. sector), concerning the production of services – Dizionario della Lingua Italiana Devoto-Oli, Le Monnier.

[124] high-tech service industry, that characterized by 7 considerable innovative technological and computer content – Dizionario della Lingua Italiana Devoto-Oli, Le Monnier.

18. benché fortunatamente già esistano, bisognerà ulteriormente incentivare il passaggio all'impiego di energie alternative che utilizzano fonti rinnovabili. A tal proposito, se è vero che si debba riconoscere un contributo economico statale a chi impiega pannelli solari o fotovoltaici, o altre tecnologie *eco-sostenibili*, altrettanto si dovrebbe fare per chi impiega murature tradizionali. Se è vero infatti che quel genere di murature comporta un abbattimento fino al 40% delle spese di riscaldamento invernale, e fino al 100% delle spese di rinfrescamento estivo (data la mancanza di necessità), è altrettanto vero che esse vengono a ridurre, nelle stesse proporzioni, le emissioni responsabili del surriscaldamento terrestre e dell'inquinamento atmosferico, e come tali vanno dunque riconosciute.

19. il denaro pubblico che si verrà a risparmiare per le spese energetiche potrà venire investito nella ricerca scientifica sullo sfruttamento delle fonti rinnovabili;

20. sarebbe infine opportuno che i comuni più grandi, e quelli più piccoli riuniti in consorzi, si dotassero tutti di un sistema di smaltimento dei rifiuti urbani in grado di far delle immondizie una risorsa economica ed energetica per le comunità. Basta guardare a realtà come quella del piccolo centro di Sogliano al Rubicone per rendersi conto che ciò è possibile: qui, infatti, la corretta utilizzazione della discarica Ginepreto 1 – che risulta quasi invisibile nonostante sia una delle più grandi discariche italiane, grazie al lavoro giornaliero di copertura superficiale – frutta alle casse del piccolo comune di tremila abitanti ben cinquemilioni di Euro all'anno solo grazie alla tassa di scarico versata dai camion addetti al trasporto, mentre, grazie alla sapiente utilizzazione del sistema di smaltimento che consente il recupero dal fondo della discarica (quindi senza odori spiacevoli all'esterno) del biogas che, opportunamente trattato diviene metano. Quest'ultimo, rivenduto alla società di distribuzione dell'energia elettrica, rende ulteriori circa cinquemilioni di Euro all'anno, nel frattempo si recupera anche il percolato che viene utilizzato a scopi agricoli, e così il Comune riesce a guadagnare circa 11.000.000,00 Euro all'anno, a fronte di un bilancio comunale di tredici! Questo fa sì che il comune possa aiutare i propri cittadini all'acquisto della casa e alla riduzione delle tasse locali. Situazioni similari, anche più redditizie si ritrovano nella discarica di Peccioli, presso Forte dei Marmi dove, anche qui senza cattivi odori, tutti i cittadini, riuniti in S.p.A., sono riusciti in dieci anni a fatturare 122.000.000,00 di Euro, traendo enormi benefici fiscali, ecologici ed energetici per l'intera comunità. Tutto ciò potrebbe avere ulteriori benefici imponendo una seria politica del riciclaggio di tutti i rifiuti.

re-training of that class of artisans necessary for the restoration of ancient buildings, which must be kept in existence as an obligation, because of their historical importance, but also for the more venal aspect related to tourism. The re-training of a large work force would make it possible to cut restoration costs caused by the increase in the supply, hence, more competition.

All of this would lead to better environmental quality, public expenditures would be drastically reduced, if not eliminated altogether, and the costs needed for maintenance of infrastructures as well as public buildings now built using deciduous techniques. Moreover, in such a kind of modified urban scene, social unrest in the outlying areas would tend to disappear.

Finally, having created reasons for interest and vitality in the outlying areas, it could be useful to create a sense of belonging to a place and, as a consequence of it, congestion in historical centers would be eliminated, since these would be relieved of that immense mass of people that pour in, searching for the socializing spaces that were forgotten by the "modern" urban designers.

La città sostenibile è possibile
Una strategia possibile per il rilancio della qualità urbana e delle economie locali
Ettore Maria Mazzola

Come si è sottolineato in un testo precedente, questo programma, lungo per essere attuato, porterebbe un'immane quantità di lavoro per tutti i sopravvissuti dell'era industriale.

Infatti, indipendentemente da una buona parte degli addetti al *settore secondario*[122], e di tutti gli addetti del settore *terziario*[123] e *terziario avanzato*[124], che continuerebbero a svolgere la loro attività precedente, si verrebbero a moltiplicare figure, oggi quasi estinte, come quelle dei mattonatori, scalpellini, fabbri, intagliatori di pietra, vetrai, falegnami, scultori, pittori, decoratori, restauratori, stuccatori, così come anche quelle dei muratori, carpentieri, costruttori, architetti, paesaggisti, ingegneri, geometri, giardinieri, operatori turistici, albergatori, ristoratori, baristi, ecc., che avrebbero lavoro da vendere ... ma anche le campagne verrebbero a ripopolarsi di agricoltori, allevatori e contadini, interessati ad un "ritorno alla natura".

L'immensa fucina costituita dai cantieri di nuova Architettura e Urbanistica, come è stato più volte sottolineato, contribuirebbe alla ri-formazione di quella classe artigiana necessaria per il restauro degli edifici antichi, il cui mantenimento in vita non è solo un atto dovuto per la loro importanza storica, ma lo è altrettanto per il più venale aspetto economico legato al turismo. La ri-formazione di una manodopera numerosa infatti, consentirebbe l'abbattimento dei costi di restauro generato dall'aumento dell'offerta e, quindi, dal regime di concorrenza.

Tutto ciò porterebbe ad avere una qualità dell'ambiente migliore: i conti pubblici vedrebbero ridurre drasticamente, se non eliminare totalmente, i costi necessari per la manutenzione delle infrastrutture e degli edifici pubblici, che oggi risultano costruiti con materiali e tecniche dalla vita breve. Inoltre, in una realtà urbana così modificata, il disagio sociale delle periferie tenderebbe a scomparire.

Per concludere, creare ragioni di interesse e di vitalità nelle periferie contribuirebbe alla formazione del senso di appartenenza al luogo in cui si vive, e questo contribuirebbe ad eliminare il problema del congestionamento dei centri storici, poiché essi risulterebbero alleggeriti da quella immensa massa di gente che ogni giorno vi si riversa alla ricerca degli spazi per la socializzazione che i "moderni" progettisti avevano dimenticato.

---

[122] In economia: produzione secondaria, la produzione manifatturiera (distinta da quella agricola); settore secondario (o il secondario s.m.), il settore economico riguardante le attività di produzione di beni industriali ~ Mercato secondario, il complesso delle negoziazioni su titoli già emessi o ad ogni modo già collocati fra i risparmiatori – Dizionario della Lingua Italiana Devoto-Oli, Le Monnier.

[123] In economia: settore t. (o il terziario s.m.), concernente la produzione dei servizi – Dizionario della Lingua Italiana Devoto-Oli, Le Monnier.

[124] t. avanzato, quello caratterizzato da un elevato contenuto di innovazione tecnologica e informatica– Dizionario della Lingua Italiana Devoto-Oli, Le Monnier.

A practical example: the partial regrouping of the Barra district of Naples, as designed by the students of the University of Notre Dame School of Architecture Rome Studies

In order to clarify what was described in the preceding chapters, it is with a great pleasure that we include below a series of pictures taken from the design for the urban renewal of a portion of the Barra quarter in Naples, which was carried out by some students of the University of Notre Dame in the 2006-07 academic year. A group of 15 students performed the design, and they are worthy of being mentioned: Anne L. Barker, Michelle L. Coble, Nicole P. Davis, Jose Garcia Menendez, Molly C. Hannon, Gregory T. Hansen, Katherine M. Hart, Ronald W. Herr, Maria V. Mendoza Jorge, Howard F. Kelly, Liam D. Larkin, Camden G. McClelland, Cristianne M. Peschard, Sarah E. Starshak, Holly M. Uber.

The Purpose of the Project

Barra was created in the Middle Ages as a separate village, but is now an urban district on the outskirts of Naples. Its historical center is known for

Vista aerea dell'area d'intervento (Image TerraItaly™ by Pictometry – © Compagnia Generale Ripreseaeree)
Aerial view of the site - (Image TerraItaly™ by Pictometry – © Compagnia Generale Ripreseaeree)

La città sostenibile è possibile
Una strategia possibile per il rilancio della qualità urbana e delle economie locali
Ettore Maria Mazzola

Un esempio pratico: Ricompattamento parziale del quartiere Barra di Napoli elaborato dagli studenti della University of Notre Dame School of Architecture Rome Studies

Al fine di rendere chiaro ciò che è stato descritto nei capitoli precedenti, con grande piacere si riporta di seguito una serie di immagini tratte dal progetto per la riqualificazione urbana di una porzione della frazione di Napoli Barra fatto elaborare a degli studenti della University of Notre Dame nel corso dell'Anno Accademico 2006-07. Il progetto è stato elaborato da un gruppo di 15 studenti che meritano di essere ricordati: Anne L. Barker, Michelle L. Coble, Nicole P. Davis, Jose Garcia Menendez, Molly C. Hannon, Gregory T. Hansen, Katherine M. Hart, Ronald W. Herr, Maria V. Mendoza Jorge, Howard F. Kelly, Liam D. Larkin, Camden G. McClelland, Cristianne M. Peschard, Sarah E. Starshak, Holly M. Uber.

Scopo del progetto

Il nucleo urbano di Barra, nato nel Medioevo come un villaggio autonomo, è oggi divenuto un quartiere periferico della città di Napoli. Il suo centro storico è conosciuto per le sue tipiche *"case a corte"*, nonché per la presenza di molte delle cosiddette Ville Vesuviane.

Il quartiere è collegato al centro di Napoli mediante la ferrovia Circumvesuviana, la più antica in Italia, che collega anche Pompei e Pozzuoli. Nella seconda metà del XX secolo, il territorio agricolo compreso tra Napoli e Barra si è trasformato nel quartiere industriale di Napoli. Di conseguenza, Barra ha è stata interessata dalla costruzione di molti alloggi popolari per le famiglie dei dipendenti delle industrie napoletane, e per quelli del trasporto pubblico (Rione ATAN). Sfortunatamente, come per molte altre città d'Italia, i *"rioni"* popolari sono stati costruiti senza alcuna considerazione per la qualità della vita dei residenti, limitandosi al solo rispetto dell'idea di *zoning*: il risultato è che i nuovi *"rioni"* assomigliano a dei ghetti, mentre il bel tessuto urbano storico è stato compromesso.

In aggiunta ai problemi generati da questa disordinata crescita urbana – parzialmente costruita in modo illegale e senza una strategia urbanistica – oggi ci sono i problemi dovuti alla congestione del traffico e all'assenza di collegamenti tra le diverse parti del quartiere. Il Comune di Napoli negli ultimi anni ha intrapreso un programma di riqualificazione urbana per risolvere i problemi di questa frazione ma, sfortunatamente, le soluzioni sono ancora lontane dal divenire.

The sustainable city is possible
A possible strategy for recovering urban quality and local economies
Ettore Maria Mazzola

its typical *"courtyard houses"* and the presence of many of the so-called Vesuvian Villas.

The district is connected with the center of Naples by the *"ferrovia Circumvesuviana"* or Circumvesuvian railway, the oldest in Italy, which also connects Pompei and Pozzuoli. In the second half of the twentieth century the agricultural land between Naples and Barra became the industrial district of Naples. For this reason, many low-cost dwellings for families of employees of Neapolitan industries as well as of public transport's employees (*Rione ATAN*), were built here. Unfortunately and as was the case for many other cities in Italy, the lower-class districts *"rioni"* were built without any consideration for the quality of life of its residents. They were simply put up under the *zoning* principle. As a result, the new *"rioni"* resemble ghettos, and the attractive historical urban fabric has been spoiled.

In addition to the problems arising from this disorderly urban growth – consisting in part of illegal construction and without any urban strategy – there are those of traffic congestion and non-existent connections among the various parts of the district. In the last few years, the City of Naples has undertaken a program of urban renewal to solve the problems of this area, but, unfortunately, the solutions are still far off.

One of the reasons these measures have failed can be found in the typical approach of politicians to the problem. This approach is based more on vote hunger than a genuine intention to solve the problems. It is limited to the idea that building a parking lot or a separate designer building designed, if possible, by a famous architect, is enough to call the action *"urban renewal"*. Actually, this standard is far away from the real needs of the citizens and the city.

Now, that portion of the Barra district northeast of Villa Bisignano has many large buildings, unrelated to one another and "organized" in terms of small areas, locally referred to as *"rioni"*, quite poorly connected with each other and with the rest of the district.

Villa Bisignano was recently turned into the International University Campus of the Sant'Alberto Magno Foundation.

For this reason, but also to provide a more decorous environment for the new University, the City of Naples, together with the Sant'Alberto Magno Foundation decided to ask the students of the University of Notre Dame, coordinated by who's writing, to draw up a proposal for real urban renewal of the northeast portion of the district. Here the solution of vehicle and pedestrian problems was requested together with the construction of new,

Una delle ragioni per cui questo genere di interventi è seguito dall'insuccesso, è da ricercarsi nel tipico criterio di risoluzione dei problemi adottato dalla classe politica al problema. Quest'ultimo si fonda infatti più sull'avidità di voti che sulla reale intenzione di porre rimedio ai disagi. In genere, chi opera in questo modo pensa che la costruzione di un parcheggio o di un edificio griffato – possibilmente progettato da un architetto famoso – sia sufficiente a ritenere l'intervento di *riqualificazione urbana*": purtroppo però, questo criterio è lontanissimo dalle reali esigenze dei cittadini e delle città.

Oggi, la porzione del distretto di Barra posta a Nord Est di Villa Bisignano, è caratterizzata dalla presenza di molti grandi edifici, svincolati tra loro e "organizzati" in piccoli comprensori, localmente definiti *"rioni"*, pessimamente collegati tra loro e con il resto del quartiere.

Recentemente, Villa Bisignano è stata trasformata in Campus Internazionale Universitario dalla Fondazione Sant'Alberto Magno.

Per queste ragioni, ma anche per dare un più decoroso ambiente alla nuova Università, la municipalità di Napoli, insieme con la Fondazione Sant'Alberto Magno ha deciso di coinvolgere gli studenti della University of Notre Dame, coordinati da chi scrive, per ipotizzare una proposta di reale riqualificazione urbana della porzione Nord-Est del distretto. Qui, in aggiunta alla risoluzione della circolazione veicolare e pedonale, è stato richiesto di realizzare nuovi edifici (privati e popolari) a destinazione mista, ovvero che ospitino abitazioni, negozi, uffici, ecc., in più è stata sollecitata la realizzazione nuove piazze e giardini, il tutto seguendo la lezione delle tradizionali "case a corte" del centro storico.

Perché questo tipo di interventi possa realmente avere un impatto sul territorio, abbiamo ritenuto necessario dare la priorità alla reale "qualificazione" dell'ambiente, prima ancora di decidere quale dovesse essere il carattere architettonico dei singoli edifici: focalizzando l'attenzione solo al livello architettonico si sarebbe potuta perdere l'opportunità di migliorare il quartiere. Stessa cosa dicasi se si fosse pensato di proporre una corretta progettazione urbanistica noncurante dell'architettura degli edifici. In breve, si è ritenuto fondamentale porre in relazione questi due aspetti per la buona riuscita dell'intervento.

Il dovere di ogni architetto è quello di rispettare gli abitanti locali, e non quello di porre la propria firma sulla città dimenticandosi delle aspettative dei cittadini. La sfida di questo progetto è stata quella di ri-

multi-use buildings (private and public), that is, they would house dwellings, shops, offices and so on. Moreover, new squares and gardens were requested, all of which benefitted by the lesson of the traditional "courtyard houses" of the historical center.

If this type of action were actually to have an impact on the area, it seemed to us that it would be necessary to give priority to the real "renewal" of the surroundings. Only later could the architecture of individual buildings be determined: if attention were devoted only to architecture, the opportunity to improve the district would be lost. The same can be said if one were to devote one's attention only to town planning without adequately considering the architecture of the buildings. In short, these two aspects must be placed in a proper relationship if the project is to succeed.

The duty of every architect is to respect those who live in the area, and not to place his or her signature on the city while failing up to live up to the citizens' expectations.

The challenge of this project was to bring the architectural quality of the historical center of Barra and Naples to this portion of the city. The project involved the reconstruction or re-designing of several façades of pre-existing buildings (the "Piazza" over which Villa Bisignano looks, a few buildings in the Sport Center) and replacement – whether total or partial – of some buildings (all the public-housing buildings of the so-called "*Rioni*" and many of those of the Sport Center). New residential buildings were to be added – whether public or private – and would be multi-use (residences, shops, offices, workshops) needed to create a sense of urban containment of the constructed spaces and recreate a fabric typical of the traditional city. In other words a new center would be created to keep its inhabitants within it avoiding their "daily migration" towards the center of Naples in search of socializing spaces and activities of which they had heretofore been deprived.

The Program Project

In the actual program, the students had been asked, as a first approach, to determine the general urban design as a group. This would be done on the basis of the pre-existing built-up area to be maintained and modified. They would define the limits of the action, the localization of parking areas (underground and otherwise), roads (for vehicles and pedestrians), urban blocks, the strategic location of small and large squares and semi-private courtyards of the pre-existing type, which

portare, in questa porzione di città, la stessa qualità architettonica del centro storico di Barra e di Napoli. Il progetto ha riguardato il rifacimento, o ridisegno, di alcune facciate di edifici preesistenti (la Piazza su cui prospetta Villa Bisignano, alcuni edifici del Centro Sportivo) e la sostituzione – totale o parziale – di alcuni edifici (tutti gli edifici di case popolari dei cosiddetti "Rioni" e molti degli edifici del Centro Sportivo) nonché l'aggiunta di nuovi edifici residenziali – sia di edilizia privata che popolare – a destinazione mista (residenze, negozi, uffici, botteghe) necessari a definire il senso di contenimento urbano degli spazi edificati e ricreare il tessuto urbanistico tipico della città tradizionale. In breve, creare un nuovo centro del quartiere necessario a mantenere gli abitanti al suo interno evitando la loro "migrazione giornaliera" verso il centro di Napoli alla ricerca degli spazi e delle attività socializzanti precedentemente negategli.

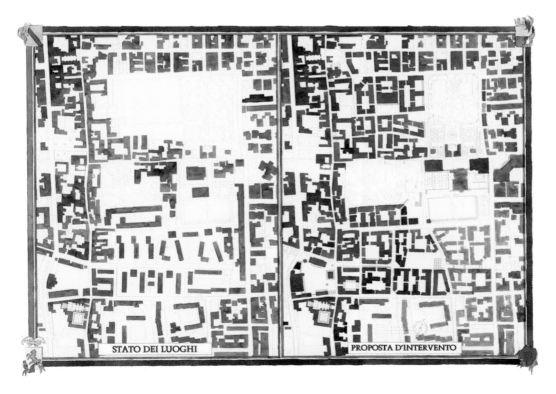

STATO DEI LUOGHI

PROPOSTA D'INTERVENTO

Piante ante e post operam
Plans before and after the intervention

could give a rhythm to the passage of citizens and provide a frame for the privileged views (Vesuvius, Villa Bisignano, the main Church), the dimensions of streets and squares as a function of the height of buildings – in such a way as to ensure a sense of containment of the space – the localization of green areas, the phases in which the renewal would take place. Subsequently, the architecture of the various buildings proposed was studied in detail by small groups of two students or individually.

The entire area between Villa Bisignano and the Park of Villa Letizia was proposed for improvement, and the large, vacant area which once held containers made available to 1980 earthquake victims were included.

New buildings for living and offices with shops, restaurants and bars were proposed based on the lessons offered by the historical center, and in observation of orographic conditions. The same was true for new blocks of public-housing with shops, restaurants and bars on the ground floors.

On this latter point, recalling the teachings of Urban Sociologists concerning the integration of the inhabitants – but also to give balance to construction costs of the ATER (the present name of the Public-Housing Institute) – it was decided that blocks entirely devoted to public-housing would absolutely be avoided. Preference would be given to an equitable distribution of medium and lower-class families. This design strategy would not only improve the integration of less well-off citizens, but would also enable ATER to recover the construction costs in a short time. This would be guaranteed by the partial sale of new dwellings and of shops.

A new market place with underground parking was proposed for the area opposite the Villa Bisignano, whereas many other small squares were created to provide pleasant urban sequences. The Sport Center was totally redesigned, as was the Park of Villa Letizia, whereas the Santa Lucia Park with the rehabilitative buildings located there were upgraded.

La città sostenibile è possibile
Una strategia possibile per il rilancio della qualità urbana e delle economie locali
Ettore Maria Mazzola

Programma del progetto

Nella sostanza, agli studenti era stato inizialmente richiesto di determinare, in gruppo, il disegno urbano generale. Essi dovevano definire – sulla base dell'edificato preesistente da mantenere e modificare – i limiti dell'intervento, la localizzazione dei parcheggi (interrati e non), la viabilità (veicolare e pedonale), i blocchi urbani, la localizzazione strategica di piazze, piazzette e corti semi-private ispirate alle preesistenti e che ritmassero il passeggio dei cittadini inquadrando alcune viste privilegiate (Vesuvio, Villa Bisignano, Chiesa principale), inoltre era richiesto loro di porre molta attenzione al corretto rapporto dimensionale tra la larghezza delle strade e piazze e l'altezza degli edifici; ancora, essi dovevano organizzare la localizzazione degli spazi verdi e, infine, dovevano pianificare le fasi di sviluppo dell'intervento. Successivamente, individualmente o in gruppi di due studenti, è stata studiata nel dettaglio l'architettura dei diversi edifici proposti.

L'area interessata dal progetto di riqualificazione è quella compresa tra Villa Bisignano e il Parco di Villa Letizia, incluso il grande spazio vuoto che un tempo ospitava i container per i terremotati del 1980.

Qui, basandosi sulla lezione urbanistica del centro storico, e rispettando le condizioni orografiche, sono stati proposti nuovi edifici per residenze e uffici con negozi, ristoranti e bar ai piani terra, e nuovi blocchi di case popolari.

Riguardo quest'ultimo punto, memori dell'insegnamento dei Sociologi Urbani circa l'integrazione degli abitanti – ma anche pensando a come bilanciare i costi di costruzione dell'ATER (denominazione attuale dell'Istituto per le Case Popolari) – si è deciso di evitare tassativamente la presenza di blocchi interamente utilizzati come case popolari, preferendo una equa distribuzione delle famiglie dei ceti meno fortunati. Questa strategia progettuale infatti, oltre a migliorare l'integrazione dei cittadini meno abbienti, consentirebbe all'ATER un recupero delle spese di costruzione nel breve termine, garantito dalla vendita parziale dei nuovi alloggi e locali commerciali.

Di fronte a Villa Bisignano, è stata proposta una Piazza Mercato che nasconde dei parcheggi interrati, nel resto dell'area di progetto sono state proposte ulteriori piccole piazze che, relazionandosi tra loro, creano delle piacevoli sequenze urbane pedonali. Il centro Sportivo preesistente è stato totalmente ridisegnato, così come il Parco di Villa Letizia, mentre il Parco di Santa Lucia e gli edifici riabilitativi ivi presenti sono stati mantenuti e parzialmente modificati.

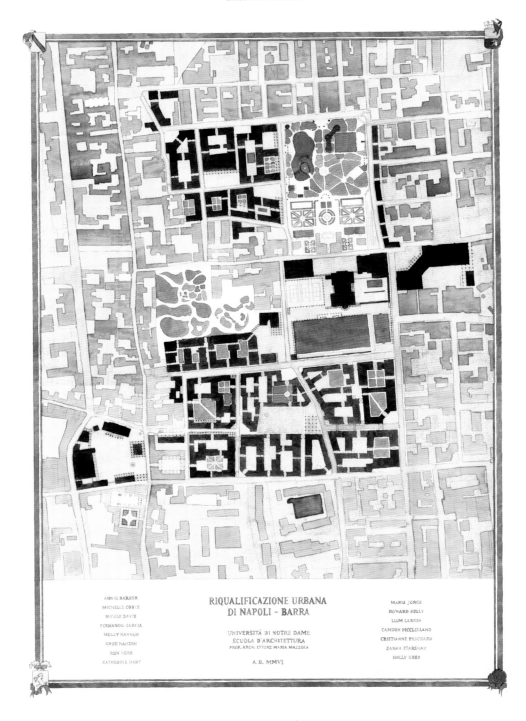

ANNIE BARKER
MICHELLE COBLE
NICOLE DAVIE
FERNANDO GARCIA
MOLLY HANNON
GREG HANSEN
RON HERR
KATHERINE HART

RIQUALIFICAZIONE URBANA
DI NAPOLI - BARRA

UNIVERSITÁ DI NOTRE DAME
SCUOLA D'ARCHITETTURA
PROF. ARCH. ETTORE MARIA MAZZOLA

A.D. MMVI

MARIA JORGE
HOWARD KELLY
LIAM LARKIN
CAMDEN MCCLELLAND
CRISTIANNE PEICHARD
SARAH STARSHAK
HOLLY UBER

pianta generale
General Master Plan

La città sostenibile è possibile
Una strategia possibile per il rilancio della qualità urbana e delle economie locali
Ettore Maria Mazzola

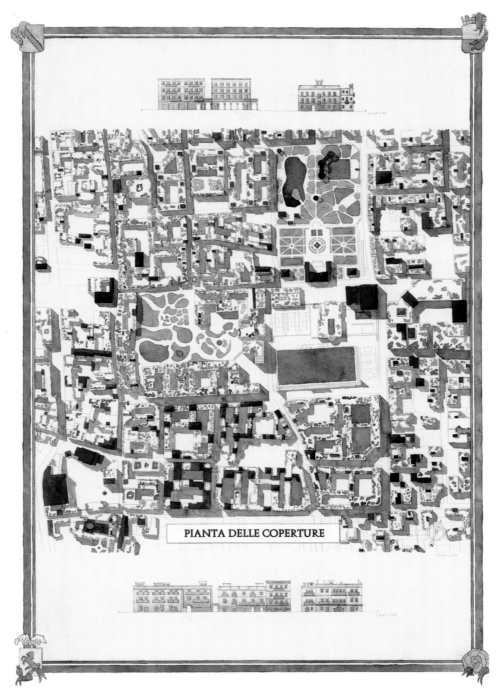

PIANTA DELLE COPERTURE

pianta delle coperture
Roof Plan

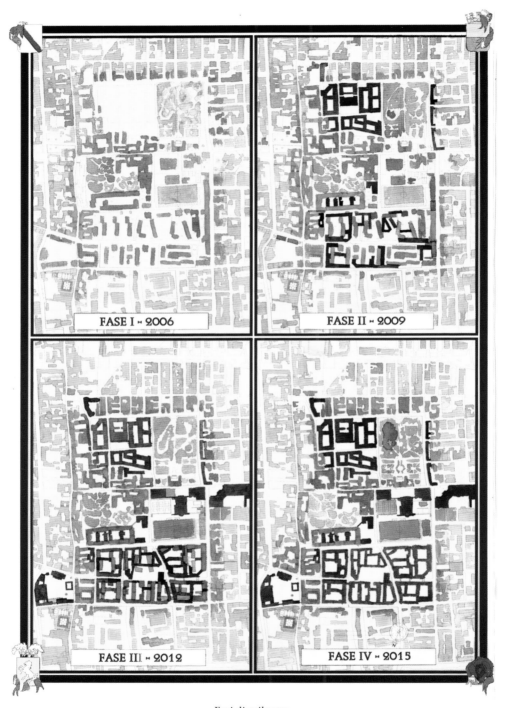

Fasi di sviluppo
Phases of development

La città sostenibile è possibile
Una strategia possibile per il rilancio della qualità urbana e delle economie locali
Ettore Maria Mazzola

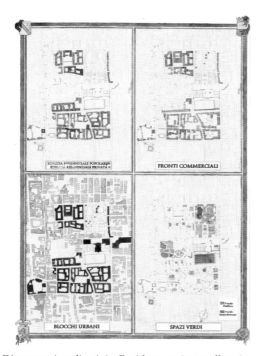

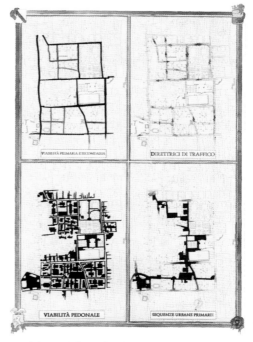

Diagrammi esplicativi e Residenze private; alloggi popolari; fronti commerciali; blocchi urbani; aree verdi.
Diagrams Private and Social Houses; commercial fronts; Urban Blocks, Green Areas;

Schemi della viabilità pedonale e veicolare
Diagrams of vehicular and pedestrian circulations

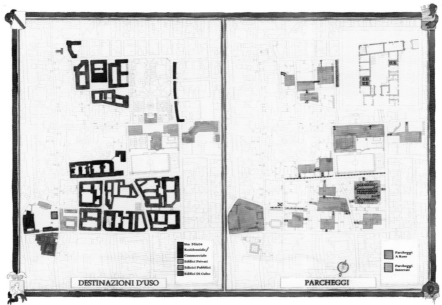

Schemi destinazioni d'uso e parcheggi
Diagrams of buildings' functions and parking

Squallore dei cosiddetti *"Rioni"* oggetti dell'intervento di riqualificazione
the dreariness of the so-called *"Rioni"* subject of this proposal of urban renewal

La città sostenibile è possibile
Una strategia possibile per il rilancio della qualità urbana e delle economie locali
Ettore Maria Mazzola

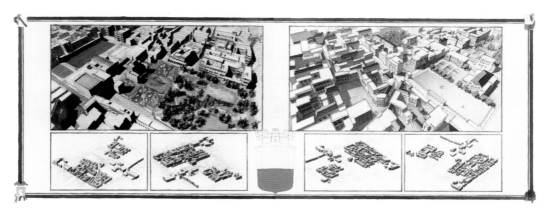

Viste aeree dell'intervento
Aerial views of the intervention

Una passeggiata attraverso il nuovo quartiere
A walk through the new district

Finito di stampare nel mese di febbraio 2010

GANGEMI EDITORE SPA – ROMA

www.gangemieditore.it